레몬쌤의 진짜 영문법 1

레몬쌤의 진짜 영문법 1

초판 1쇄 펴냄 2015년 7월 30일
7쇄 펴냄 2019년 12월 9일

지은이 이혜영
펴낸이 고영은 박미숙

펴낸곳 뜨인돌출판(주) | 출판등록 1994.10.11.(제406-251002011000185호)
주소 10881 경기도 파주시 회동길 337-9
홈페이지 www.ddstone.com | 블로그 blog.naver.com/ddstone1994
페이스북 www.facebook.com/ddstone1994
대표전화 02-337-5252 | 팩스 031-947-5868

ISBN 978-89-5807-584-4 13740

이 도서의 국립중앙도서관 출판예정도서목록(CIP)은 서지정보유통지원시스템 홈페이지
(http://seoji.nl.go.kr)와 국가자료종합목록 구축시스템(http://kolis-net.nl.go.kr)에서
이용하실 수 있습니다. (CIP제어번호 : CIP2015020003)

DSL은 뜨인돌출판(주)의 어학 전문 브랜드입니다.

레몬쌤의 진짜 영문법 1

이혜영 지음

DSL

그동안 어학 공부를 하며 수많은 벅찬 순간들을 만났어요. 영어의 문법이 환해지던 순간, 불어가 들리던 순간, 사전을 다 외웠다 싶은 순간 등등 뭔가 이루었다는 생각에 즐거웠던 순간들은 셀 수도 없이 많았어요.

그중에서도 특히나 특별하게 느껴지는 순간은 73개 언어를 공부하면서 버겁기만 했던 시간들로부터 해방되었다는 걸 깨달은 순간이 아닐까 싶어요. 분명 어려운 것들은 존재하는데 그 어려움을 아주 편안하게 극복해 나가는 제 자신을 발견한 거예요. 73개 언어의 구구단을 마친 것 같은 기분이었어요.

여러분도 이제 그런 순간을 만나게 될 거예요. 이 책을 통해 아주 간단한 용어 몇 가지로 영문법을 공부할 예정이거든요. 그것들이 완성이 되면 영문법의 구구단을 다 한 거나 마찬가지예요. 구구단이 되면 원칙적으로 모든 곱셈이 가능한 것처럼 영문법의 구구단이 자리를 잡으면 모든 영어 문장이 간단하게 보일 거예요. 나를 괴롭혔던 영어가 이렇게 어처구니없이 간단했던가 하고 느껴질 거예요.

그렇게 간단하고 훌륭한 문법 체계를 빨리빨리 알고 싶다고요?

하지만 그 영문법이 빛을 발하려면 단어와 숙어, 그리고 독서가 바탕이 되어야 해요. 제가 아무리 간단하게 문법의 훌륭한 원리를 설명해 드려도 기본, 즉 단어, 숙어, 독서가 바탕이 되어 있지 않으면 그 간단한 원리가 절대 간단하게 보이지 않거든요.

단어, 숙어, 독서도 같이 꾸준히 해야 간단한 문법의 이치가 납득이 된답니다. 그 간단한 이치가 납득이 되면 더 이상 문법적으로 해석하기 어려운 문장은 존재하지 않고요.

영어와 우리말의 차이 때문에 100% 일치하는 해석을 할 순 없지만, 어느 문장을 만나도 두렵지 않은 그야말로 바람에 흔들리지 않는 고요한 순간을 만날 수 있어요.

저는 제가 공부하는 73개 언어들이 튼튼하게 자리를 잡았다는 생각이 들어요. 이 느낌은 그동안 해 왔던 공부들이 모여 만든 순간이라고 생각해요. 완벽한 상태는 아니지만 공부하는 것이 더 이상 부담이 되지 않고 머리도 아프지 않아요. 시야가 탁 트인 공부의 오르막길을 상쾌하게 올라가고 있는 중이지요. 바람은 여전하지만 더 이상 흔들리지 않고 있고요. 앞으로는 더욱 편안하게 공부할 수 있을 것 같아요.

공부를 조금만 해 보면 알겠지만 제 문법은 일정한 틀에 의해서 수학적으로 돌아가고 있어요. 제 문법의 원칙은 구구단처럼 아귀가 맞아요. 처음이 있고 끝이 있어요.

단어와 숙어는 해도 해도 끝이 나지 않지만 문법은 시작과 끝이 있어요. 이 책을 통해 공부하면 잘 보일 거예요. 일단 문법의 큰 틀을 잡을 수 있어요. 내가 살던 동네를 산 위에 올라가서 내려다보는 느낌과 비슷하다고나 할까요. 문법의 처음과 끝이 보이는 순간을 같이 나누고 싶어요.

보고 나면 별것 아닌데 보기까지 견뎌야 할 시간들이 좀 길긴 해요. 그러나 일단 보고 나면 정말 좋아요. 문장 자체가 아주 간단한 원리로 돌아간다는 사실이 또렷이 보이기 시작하면 득도한 느낌도 들어요. 제가 그랬으니까요.

어찌어찌 그런 순간이 와도 영어가 끝난 것은 아니에요. 문법이 뚜렷하게 보여도 단어는 단어대로 숙어는 숙어대로 독서는 독서대로 그대로 남아 있으니까요.

그런데 문법을 큰 틀로 보게 되는 순간을 만나고 나면 그다음 일들이 덜 고달파져요. 그 순간을 만나도 공부해야 할 양이 줄어드는 건 아니지만 그 양을 채우는 일이 훨씬 수월하고 즐거워요. 재밌어요. 제가 그랬거든요.

단, 처음부터 문법을 백점 맞으려고 하지 마세요. 일단 80점부터 확실히 맞자!라고 생각해 주세요. 백점은 90점 다음에 자연히 오는 것인데 처음부터 백점을 맞으려고 들면 60점 맞기도 어렵답니다. 백점이 아니더라도 상관이 없어야 차분한 마음으로 점수를 올릴 수 있어요.

이제 영문법을 구구단처럼 공식에 맞게 설명할 거예요. 그러려면 공식을 외우고 계셔야 해요. 이번 기회에 쌈박하게 문법을 이해할 수 있도록 문법 공식을 쓰는 숙제들을 꼭 해야 해요. 별거 아닌 문법이긴 하지만 공식에 익숙해져 있어야 문법 정복이 가능해요. 그리고 문법 정복은 독서가 병행되어야 가능하고요.

공식이 영어가 아니라 한글로 되어 있다고 놀라지 마세요. 사실 이번 책의 문법은 영어만의 문법이라기보다 제가 여러 언어를 공부하면서 얻은 언어 자체의 기본 구조를 들여다보는 것이라고 해도 좋을 것 같아요. 저는 이 구조를 바탕으로 73개 언어를 그리 힘들지 않게 공부하고 있는 셈이니까요. 이 문법 구조에 대한 깨달음이 없었다면 73개 언어에 도전해 볼 엄두도 내지 못했을 거예요, 문법 구조에 대한 확신, 그리고 사전 이용법. 이 두 가지가 제가 여러 언어에 겁 없이 도전하고 나름대로 성과를 얻을 수 있는 힘이랍니다.

이 책의 영문법은 그러니까 기본이에요. 기본을 충실히 하고 튼튼히 해야 앞으로 뻗어갈 수 있어요.

한글 공식을 빠뜨리지 말고 충실히 써 주면서 문법의 기본을 닦고 『태어나서 처음 하는 진짜 영어공부』에서 제가 이미 설명 드린 방법대로 단어와 독서를 병행하면 문법이 금세 별거 아닌 것이 될 거예요. 기대해 주세요. 문법이 날개를 달 거예요. 문법을 알고 영어를 하면 영어가 훨씬 더 재미있어요.

자, 이제 펜과 노트를 준비할 시간이에요.

차례

기본 문장 해석하기

1. 동사는 시제이다

2. 전치사구와 부사를 버린다

복잡한 문장 해석하기

3. to부정사, 동명사, 분사

4. 분사의 운명

문장 해석 훈련

Chapter 1
기본 문장 해석하기

1. 동사는 시제이다

문장 해석에서 전치사와 부사는 그리 신경 쓸 것이 없어요.
단어 뜻만 알면 해석이 되니까요. 게다가 문장을 보충해 주는
역할을 하기 때문에 해석하는 데 크게 영향을 미치진 않아요.
그런데 동사는 문장의 중심 뜻을 표현하기 때문에
동사에서 헤매면 해석이 뒤죽박죽이 돼 버려요.
하지만 알고 보면 공식대로만 움직이는 것이 동사랍니다.
그리 어렵지 않아요.

1 골치 아픈 시제 해결하기

많은 언어들을 공부하면서 깨달은 첫 번째 사실은 언어를 제대로 익히려면 '동사를 잡아야 한다'는 거예요. 동사를 잡아 놓지 않으면 그 언어에 질질 끌려다니다가 볼 장 다 보게 되더라고요. 그래서 새로운 언어를 공부할 때는 동사부터 얼른 들여다보고 얘가 '웬수'가 될지 굴러들어온 복덩이가 될지를 판단하지요. 다른 언어와 비교해 보면 영어의 동사는 완전 복덩이예요. 특히 시제 표현에서 그래요. 공식만 알면 명확해지거든요.

영어는 주어 하나, 동사 하나를 꼬박꼬박 챙겨서 문장을 만드는 언어예요. 우리말처럼 주어를 생략하는 일은 원칙적으로 없어요. 그리고 한 문장에 동사가 적어도 하나는 반드시 있지요. 그 동사는 반드시 주어 다음에 나와요. 동사는 사실 시제라고 부르는 편이 더 좋아요. 동사로 과거, 현재, 미래는 물론 완료, 진행도 표현하니까요.

동사는 하나만 나오는 경우가 거의 없어요. 해석 좀 해 본 사람들은 알겠지만 동사는 참 눈에 거슬려요. 두 개까진 그럭저럭 할 만한데 세 개가 넘어 가면 일단 심장이 쿵쿵거리고요. 아예 그 대목을 쳐다보기조차 싫어져요. 시제 자리에 있는 동사는 심지어 여섯 개가 넘을 수도 있어요. 딱히 어려운 것들이 모여 있는 것 같진 않은데, 그렇다고 한눈에 보이지도 않아요. 초전박살은 영 불가능할까요?

절대 그렇지 않아요.

일단 시제의 구조를 파악해야 해요. 시제는 주어와 짝을 이루고 있기 때문에 시제를 해결하는 순간에 주어도 같이 해결할 수 있어요.

사실 문법을 공부하면서 제일 바라는 건 정확하고 신속한 해석일 거예요. 해석을 위해서는 쉬운 것들과 알쏭달쏭한 것들을 나눠서, 문장의 부피를 줄이는 일이 아주 중요해요.

먼저 주어 뒤에 있는 시제를 찾아 파악하는 연습을 해 보세요. 시제를 알면 주어까지 같이 해결할 수 있으니 문장이 한결 가벼워지겠지요.

시제와의 싸움은 어렵지 않아요. 단지 시간이 걸릴 뿐이에요. 영어의 시제는 공식처럼 짜여 있어서 시간을 들여 공식만 익히면 평생 시제로 속 썩을 일은 없어요. 동사가 몇 개가 되든 두렵지 않을 거에요. 일단 무조건 You speak English 문장을 변형한 시제 공식을 반복해서 써 주세요.

시제의 뜻을 정확히 몰라도 반복하면서 득도(?)하는 사람들이 많아요. 그 정도로 시제는 쉽고 간단해요. 공식으로 다 해결할 수 있어요. 반복의 양이 좀 많다 싶어도, 평생을 두고두고 속 썩느니 이번에 확실하게 익히고 손 터는 게 훨씬 남는 장사일 거예요.

영어만 달랑 쓰면 안 되고 시제의 이름을 반드시 불러 주세요.

기본 시제 공식

30번 쓰기

과거

단순과거	**You** spoke **English.**
과거진행	**You** were speaking **English.**
과거완료	**You** had spoken **English.**
과거완료진행	**You** had been speaking **English.**

현재

단순현재	**You** speak **English.**
현재진행	**You** are speaking **English.**
현재완료	**You** have spoken **English.**
현재완료진행	**You** have been speaking **English.**

미래

단순미래	**You** will speak **English.**
미래진행	**You** will be speaking **English.**
미래완료	**You** will have spoken **English.**
미래완료진행	**You** will have been speaking **English.**

2 시제 익히는 요령

이 세상은 참 경이로워요. 제아무리 복잡해 보이는 것들도 알고 보면 아주 간단한 원칙들로 이루어져 있거든요. 단순함이 빚어내는 그 무수한 변화들을 보면 정말 오묘하다는 말밖에는 안 나와요.

여섯 살 때 외사촌 언니를 따라 교회에 간 적이 있어요. 항상 갔던 건 아니고 여름성경학교 때만 갔어요. 꼬맹이들에게 나눠 주던 과자, 사탕, 떡 때문이었지요. 좀 부끄럽네요.

그때 배웠던 노래가 지금도 기억에 생생한데, 이렇게 시작해요. '참 아름다워라, 주님의 세계는~'. 그 뒤는 잘 몰라요. 이후로도 꾸준히 이 노래를 흥얼거리며 살았어요. 사실 그다음 가사는 궁금하지도 않아요. '참 아름다워라, 주님의 세계는~' 그것만으로 충분해요.

제가 초등학교 시절 생활기록부를 '명랑, 쾌활'로 뒤덮은 이후 쭉 명랑하게 살 수 있었던 이유 중 하나는 세상의 아름다움에 대한 무한신뢰 덕분이 아닐까 해요. 이것저것 따지느라 여태 종교도 못 가지고 있으면서 어찌하여 참 아름다운 주님의 세계는 철석같이 믿는 걸까요? 그 노래를 배운 뒤로 세상이 참 아름답다는 게 늘 믿어졌던 것 같아요.

운전을 하다가도 '참 놀라워라, 도로의 세계는!' 하고 저절로 감탄이 나온답니다. 그 많은 차들이 안 부딪히고 쌩쌩 달리는 것도 놀랍지만, 그걸 통제하는 교통법규가 그리 간단하다니. 빨간불에 서고 파란불에 달리고, 성적순도 나이순도 아닌 먼저 온 순서대로 가고, 깜빡이 넣고 차선 바꾸고…….

악보를 보면 음악의 세상도 놀라워요. 그 많은 노래들도 알고 보면 '도레미파솔라시도' 기본음에서 파생된 음들의 조합이잖아요. 어디 그뿐인가요. 걸작 그림들도 결국 몇 가지 기본색이 섞이고 섞여 만드는 놀라운 마술의 결과인 거예요.

문법은 더해요. 세상엔 얼마나 많은 문장들이 있나요? 그런데 그 문장들을 구성하는 문법은 어이없을 정도로 간단해요. 특히 영어는 섣불리 문법 얘기 꺼냈다간 라틴어나 체코어 같은 언어들한테 '영어 문법도 문법이냐?'라는 타박을 들을 수 있어요. 그럴 정도로 영어는 딱히 문법이라고 부를 것들이 없어요. 물론 영어 문법도 단어, 숙어, 독서가 따라 주지 않으면 익히기가 참 힘들지만요.

현란한 전치사구만 빼면 영어 문법은 간단해요. 전치사구는 뜻만 알면 해석이 되니까 전치사가 속하는 곳은 문법이 아니라 어휘 영역이에요. 영어의 문법은 마치 수학 같아요. 불규칙도 별로 없고 원칙을 최대한 간단하게 만들어 놓고 그 원칙을 충실히 따르는 언어지요. 그래서 전 영어 문법이 좋아요. 많은 언어를 공부하는 저에겐 휴식 같아요.

시제는 더욱 그래요. 그 간단함이 다른 언어들을 압도해요. 원칙이 어찌나 딱딱 지켜지는지, 문법이 두려운 사람들에게 더운 여름 한줄기 소나기 같아요. 그런데 이 간단한 영어의 시제를 즐기려면 몇 가지 원칙을 외운 다음 훈련을 좀 해야 해요.

시제를 맘껏 즐기기 위한 원칙을 소개할게요.

① You speak English 시제 공식의 모든 문장을 반복해서 정확하게 쓰는 것이 중요해요.
② 시제 중에서도 자랑인 단순현재와 현재진행을 명확히 구별해 두세요.
③ 완료시제는 복잡해 보이지만 차근차근 따져 보면 쉬워요.
④ 수동태를 이해하면 문법뿐 아니라 어휘 실력에도 큰 도움이 돼요.
⑤ 실생활에 사용되는 조동사들을 알아 두는 게 중요해요.
⑥ 골치 아픈 부정문, 의문문도 You speak English 시제 공식으로 해결할 수 있어요.

You speak English 시제 공식을 반복해서 쓰는 것을 계속 강조하는 이유는 각인을 위해서예요. 더 이상 시제 때문에 골치를 썩지 말고 수십 번 써서 체화시키세요.

단순현재와 현재진행을 어떻게 구별해야 할지 모르겠다고요? 대부분의 사람들이 그래요. 어렴풋이 알지만 머릿속에 잘 정리되어 있진 않지요. 일단 You speak English 시제 공식부터 먼저 반복하세요. 단순현재와 현재진행의 차이에 대한 확실한 설명은 차차 나와요.

완료시제도 시제 공식을 쓰기만 하면 해결되냐고요? 물론이에요.

조동사, 의문문, 부정문도 모두 You speak English 시제 공식을 통해서 익힐 수 있어요.

주님의 세계가 참 아름다운 이유 중의 하나는 복잡해 보이는 것들도 조금만 들여다보면 놀랍도록 간단한 원칙 몇 가지로 이루어져 있다는 사실 때문이에요. 그런데 그 간단한 원칙에 대한 깨달음도 절대 그냥 얻을 수는 없더라고요. 시간이 필요하고, 노동이 필요하고, 때로는 고통도 필요해요.

수동 포함 시제 공식(1)

30번 쓰기

과거

단순과거	You spoke English.
수동	English was spoken by you.
과거진행	You were speaking English.
수동	English was being spoken by you.
과거완료	You had spoken English.
수동	English had been spoken by you.
과거완료진행	You had been speaking English.
수동	English had been being spoken by you.

현재

단순현재	You speak English.
수동	English is spoken by you.
현재진행	You are speaking English.
수동	English is being spoken by you.
현재완료	You have spoken English.
수동	English has been spoken by you.
현재완료진행	You have been speaking English.
수동	English has been being spoken by you.

미래

단순미래	**You** will speak **English.**
수동	**English** will be spoken **by you.**
미래진행	**You** will be speaking **English.**
수동	**English** will be being spoken **by you.**
미래완료	**You** will have spoken **English.**
수동	**English** will have been spoken **by you.**
미래완료진행	**You** will have been speaking **English.**
수동	**English** will have been being spoken **by you.**

3 시제란 무엇인가?

저는 비위가 좀 약해요. 그래서 상큼한 레몬을 좋아해요. lemon을 메일 주소로 쓰곤 했는데, 그걸 본 어떤 분이 인터넷상에서 저를 레몬이라고 부르기 시작했어요. 그렇게 우연히 불리기 시작한 레몬이 이제는 저의 또 다른 이름이 되었네요.

이름이 생기니까 그 이름에 딱 어울리는 사람이 되고 싶었어요. 레몬의 아름다운 빛깔과 향기, 그리고 정신이 번쩍 들게 해 주는 상큼함을 닮고 싶었어요. 역시 이름은 내가 만드는 게 아니라 누군가가 만들어 주는 것인가 봐요. 물론 만들기만 하면 안 되고, 자주 불러 줘야겠지요.

You speak English 시제 공식은 다 써 봤나요? 각 문장의 앞에 있는 한글 이름도 함께 써야 해요. 김춘수 시인이 그랬지요. "내가 그의 이름을 불러 주었을 때 그는 내게로 와서 꽃이 되었다." 이름은 한 번 부르는 것보다 여러 번 부르는 게 친해지는 데 효과적이고요. 부르는 것보다는 쓰는 것이 절친이 되는 지름길이랍니다.

여러 번 쓰신 분들은 아마도 시제가 하나의 커다란 원칙에 의해 돌아간다는 것을 느끼셨을 거예요. 30번, 50번이 되기 전에 이미 다 외워 버리셨을 거고요. 외운 다음 이해하는 것의 묘미를 차차 즐기시게 될 거예요. 이름을 부르고 부르고 또 불렀으니 이제 그들이 어떤 빛깔과 향기를 지녔는지 볼까요? 뭐가 엄청 많아 보여도 시제의 이름은 결국 과거, 현재, 미래 3가지가 단순, 진행, 완료, 완료진행 4가지를 만나 결합하는 것으로 결정돼요.

과거

단순	동사의 과거형
진행	was + -ing (주어가 I 혹은 3인칭 단수) were + -ing (주어가 you 혹은 복수)
완료	had + p.p.
완료진행	had been + -ing

현재

단순	동사의 현재형 (주어가 3인칭 단수일 때 s 혹은 es가 붙음)
진행	am + -ing (주어가 I) is + -ing (주어가 3인칭 단수) are + -ing (주어가 you 혹은 복수)
완료	have + p.p. has + p.p. (주어가 3인칭 단수일 때)
완료진행	have been + -ing has been + -ing (주어가 3인칭 단수일 때)

미래

단순	will + 동사원형
진행	will be + -ing
완료	will have + p.p.
완료진행	will have been + -ing

그리고 시제에서 수동도 빼놓으면 안 돼요. 능동 해석이 '주어가 목적어를 동사한다'인데 수동이 되면 '목적어가 주어에 의해 동사를 당한다'라고 해석이 돼요. 능동이 수동이 되려면 목적어가 주어가 돼야 하고 시제(동사)는 be동사+p.p.로 바뀌며 뒤로 간 원래의 주어 앞에 by가 붙는 것을 유념해 주세요. 이때 뒤로 간 주어가 목적어가 됐다고 착각하면 안 돼요.

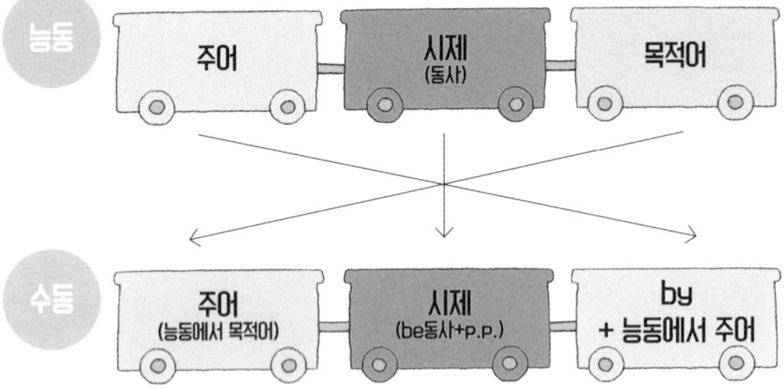

예)

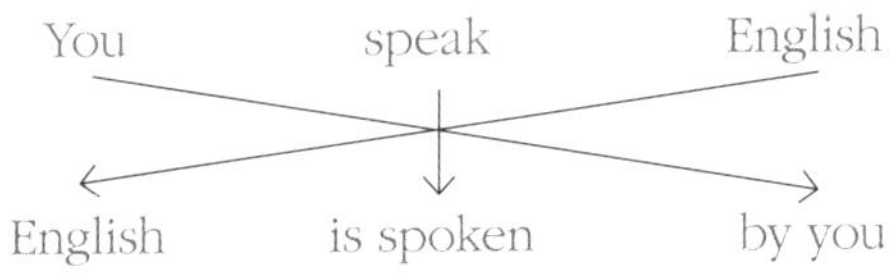

시제 이름

30번 쓰기

과거	지나간 시간
현재	지금
미래	오지 않은 시간, 혹은 올 시간
단순	했다, 한다, 할 것이다
진행	~중이다
완료	이전 사건이 영향을 미침
완료진행	이전 사건이 계속 진행
능동	~한다
수동	~해진다, ~당하다

수동 포함 시제 공식 (2)

20번 쓰기

과거

단순과거	You wrote a letter.
수동	A letter was written by you.
과거진행	You were writing a letter.
수동	A letter was being written by you.
과거완료	You had written a letter.
수동	A letter had been written by you.
과거완료진행	You had been writing a letter.
수동	A letter had been being written by you.

현재

단순현재	You write a letter.
수동	A letter is written by you.
현재진행	You are writing a letter.
수동	A letter is being written by you.
현재완료	You have written a letter.
수동	A letter has been written by you.
현재완료진행	You have been writing a letter.
수동	A letter has been being written by you.

미래

단순미래	**You** will write **a letter.**
수동	**A letter** will be written **by you.**
미래진행	**You** will be writing **a letter.**
수동	**A letter** will be being written **by you.**
미래완료	**You** will have written **a letter.**
수동	**A letter** will have been written **by you.**
미래완료진행	**You** will have been writing **a letter.**
수동	**A letter** will have been being written **by you.**

4 현재완료의 네 가지 해석

시제는 쉽지만 때로는 공공의 적이 되기도 해요. 전체적인 패턴을 알지 못한 채 따로따로 분리해서 외우다 보면 뭐가 이리 복잡하냐며 불만 성토의 대상이 되기 쉽지요. 시제 가운데서 특히 말썽꾸러기는 뭐니 뭐니 해도 완료예요. 그런데 완료는 네 가지 해석 방법만 이해하면 돼요.

저는 이름이 네 개예요. 부모님께서 지어 주신 저의 첫 번째 이름은 이혜영이에요. 이름에 대해 한 번도 불평해 본 적 없어요. 맘에 들어요. 이름에서 속도감이 느껴져서 더욱 좋아요.

고등학교 때 역사 선생님이 '은파'라는 호를 지어 주셨는데 어디에 써 본 적은 없지만 항상 마음에 간직하고 있어요. 두 번째 이름이지요.

프랑스에 갔는데 아무도 '혜영Hyeyoung'을 제대로 발음하지 못했어요. 저를 '아이융그'라고 부르더군요. 아이융그가 뭐예요, 아이융그가! 그래서 미셸이라고 부르라고 했어요. 그렇게 제 이름은 미셸이 되었죠. 남편의 성인 윤이 붙은 미셸 윤이 세 번째 이름이에요.

메일 주소에 썼던 레몬은 네 번째 이름이네요.

네 개의 이름엔 저마다의 뚜렷한 특징이 있답니다. 이혜영이라는 이름에는 어린 시절이 있고요. 부모님으로부터 보호받던 따뜻한 시절이 있어요. 그래서 이혜영이라는 이름은 따뜻하게 느껴져요.

은파라는 이름에는 저의 꿈이 있어요. 은파라는 호를 받은 다음부터는 뭔가 훌륭한 일을 하고 싶다는 열정으로 살았던 것 같아요. 꿈과 열정이 구체화되었다고나 할까요? 설렘과 비장함이 담긴 이름이에요.

미셸이라는 이름을 가진 뒤부터는 삶이 마치 토네이도 안에 들어 있는 것처럼 하루도 여유로운 날이 없었어요. 매일 뭔가를 하고 있었어요. 평범하지 않은 삶을 사느라 도무지 쉴 틈이 없었거든요. 심장이 항상 부릉부릉하는 기분이었어요. 엄청 바쁘고 정신없는 이름이죠.

레몬이란 이름에는 여유가 있어서 좋아요. 그리고 그 이름으로 평생의 꿈이었던 작가의 길에 발을 들여놓은 것 같아서 참 행복해요. 레몬이라는 이름을 쓰면서부터 블로그에 글을 올리기 시작했거든요.

저라는 사람은 하나인데 이름에 따라 삶에 대한 네 가지 해석이 가능하네요. 현재완료가 딱 그렇답니다! have + p.p.라는 하나의 형태를 갖고 있는데 네 가지 해석이 가능해요. 만일 책을 읽다가 have + p.p.가 나오면 네 가지 중 하나를 선택하셔야 해요.

현재완료를 쓸 수 있는 네 가지 경우를 한번 볼까요?

① 누군가 미국에 몇 년 동안 살았느냐고 묻습니다. 10년 살았다고 대답하고 싶은데 가만 있자, 영어 시제를 어떻게 쓰지요? 단순과거를 쓰자니 현재에도 살고 있으니 맞지 않는 듯하고요. 단순현재를 쓰자니 과거까지 아우르는 표현은 아닌 것 같아요.

② 여행을 하다가 여권을 잃어버렸어요. 이때 단순과거를 써도 될까요? 영어의 단순과거는 말 그대로 단순해서 '과거에

내가 여권을 잃어버렸다'는 사실만 표현해요. 내가 강조하고 싶은 건 지금 나한테 여권이 없다는 건데 말이죠.

③ 그녀가 방금 떠났어요. 당연히 과거시제를 써야겠죠. 그런데 과거시제는 범위가 너무 넓어요. 십 분 전, 한 시간 전, 하루 전, 일 년 전, 백 년 전, 백만 년 전, 모두 다 과거니까요. 그런데 방금 전은 과거라고 부르기엔 너무 아까워요. 어떡할까요?

④ Tom은 미국인인데 한국식당에 가서 갈비를 먹었어요. 한국 사람들에게는 갈비를 먹는 게 흔한 일이지만 Tom에게는 특별한 경험이에요. 과거시제로 과연 '경험했다'는 뜻을 잘 표현할 수 있을까요?

현재완료는 이름에서 알 수 있듯이 엄연히 현재시제예요. 하지만 네 가지 경우 모두 하나도 빠짐없이 과거와 연관되어 있지요. 미국에서 자란 아이들은 현재완료가 과거시제라고 자주 착각하곤 해요. 시제를 묻는 시험 문제에 떡하니 '과거'라고 쓰는 아이들이 많아요. 왜일까요? 엄연히 have라는 현재동사가 있음에도 불구하고 과거라고 착각하는 이유는 현재완료에 과거의 의미가 내포되어 있기 때문이에요. 현재완료의 해석을 네 가지로 구분하는 이유는 과거가 현재에 영향을 미치는 방식이 조금씩 다르기 때문이고요.

① 과거에 시작되어 현재까지 이어지는 경우에 현재완료를 써요. 한국말로는 "나는 10년 전 과거에도 미국에서 살았고, 10년이 지난 현재에도 미국에 살고 있다" 이렇게 길게 말해야 하는 것을 현재완료를 써서 단번

에 표현할 수 있는 거예요. 보통 기간 표현과 함께 써요.

답) I have lived in America for 10 years.

② 과거에 일어난 일이 현재에까지 영향을 미칠 때에도 현재완료를 써요. 과거 사건을 언급하면서 현재 상황까지 설명이 가능하지요. 단순과거를 쓰면 현재에 대한 것은 전혀 알 수가 없어요. 과거에 여권을 잃어버렸지만 지금은 여권을 찾았어도 단순과거로 표현할 수 있으니까요. "나는 과거에 여권을 잃어버렸는데 결국 찾지 못해서 지금도 여권이 없다." 이 뜻을 현재완료를 통해 한 문장으로 전달할 수 있어요.

답) I have lost my passport.

③ 현재와 가까운 과거는 살짝 현재완료로 바꾸어 쓸 수 있어요. "She left"라는 단순과거가 아닌 "She has left"라는 현재완료시제를 미국 사람들은 애용해요. 여기에 '방금'이라는 just를 넣어 주면 금상첨화예요.

답) She has just left.

④ 마지막으로 "나는 갈비를 먹어 본 적이 있어" 이렇게 경험을 얘기할 때도 현재완료를 쓸 수 있어요. 과거의 사건이 현재 가지고 있는 경험이 된 것이니까요.

답) I have tried Galbi.

이제 현재완료가 대충 이해되실 거예요. 그런데 완료형은 현재완료 말고도 두 가지가 더 있어요. 과거완료와 미래완료지요. 일단 현재완료를 이해했다면 과거완료, 미래완료는 덩달아 이해한 거나 마찬가지예요.

원리는 똑같거든요.

기준만 달라요. 현재완료는 현재가 기준이라면 과거완료는 과거의 어느 한 시점이 기준이면서 그보다 더 전의 과거가 더해지는 거예요. 그렇다면 미래완료는 언제가 기준일까요?

맞아요. 미래의 어느 한 시점이 기준이에요. 그 미래가 되기 전까지의 시간들이 더해지지요.

이렇게 완료형들은 어느 한 시점만 나타내는 게 아니라 복합적인 시간을 나타낸답니다.

과거완료

■ I had played the piano for 3 years, when I was 12.
나는 12살 때까지 3년 동안 피아노를 쳤었어.

위 과거완료 문장은 일단 내가 12살 때라는 과거 시점과 그 이전 3년의 시간을 포함하고 있어요. 현재완료가 현재+과거라면, 과거완료는 과거+과거인 거죠.

미래완료

■ I will have finished my homework tomorrow morning.
나는 내일 아침까지 숙제를 끝낼 거야.

위 미래완료 문장은 미래인 내일 아침이 되기 전 어느 순간엔가 숙제가 끝날 거라는 얘기예요. 내일 아침과 그 이전의 시간을 포함해요.

현재완료 용법

50번 쓰기

현재완료 뜻 (과거+현재)

1. 과거로부터 쭉 지금까지

2. 과거에 일어난 일이 현재까지 영향을 미침

3. 현재와 가까운 과거

4. 과거의 경험

1. I have lived in America for 10 years.

2. I have lost my passport.

3. She has just left.

4. I have tried Galbi.

1. I have taught English for 10 years.

2. I have cleaned my room.

3. I have just finished my homework.

4. I have been to Paris.

5 미래시제 shall

오래전에는 will과 shall 둘 다 미래시제에 깊이 관여했어요. 저는 중학교에 들어가자마자 단순미래, 의지미래라고 아예 표로 만들어 외웠어요. 영어에 흥미를 잃게 하는 원흉이었지요.

그런데 세월이 흐르고 흘러 shall은 몇 가지 용법만을 남긴 채 미래에서 조용히 은퇴했어요. shall은 이제 미래에는 거의 쓰이지 않는답니다. 정말 다행이에요. 하지만 아예 안 쓰이는 건 아니니 두 가지 용법만 알아 두면 좋아요. 그럼 무난하게 책을 읽을 수 있어요.

다음 문장을 보세요.

■ Shall I buy this?

옷을 사기로 했어요. 혼자 가면 불안해요. 친구 하나 데려갑니다. 살까 말까 고민스러울 때 의견을 묻기 위해서요. "나, 이거 살까?" 분명 나의 미래를 말하고 있지만 상대방의 의향을 묻는 표현이지요.

■ Shall we dance?

"우리 함께 춤출까요?" 역시 상대방의 의향을 묻는 표현이에요.

■ You shall pay it.

주어가 you인데 shall이 쓰이면 말하는 '나'의 의지 또는 약속을 표현해요. "너는 지불하게 될 거야"라는 해석보다 "내가 너를 지불하게 만들겠어"라는 해석이 더 적절해요. 네가 지불을 하긴 할 건데, 그건 나(말하는 사람)의 의지에 따른 일이라는 거예요. 강제성이 요구되는 계약서에 주로 나오는 표현이에요.

새로운 예를 볼까요?

■ Shall I open the window?

"내가 문을 열어도 될까?" 문을 열고자 하는데 네 생각은 어떠니?

■ Shall we go?

"우리 갈까?" 나는 너와 가고 싶은데 너의 의향은 어떠니?

■ You shall die.

"너는 죽게 될 거야." 그런데 자연적으로 죽는 게 아니고 말하는 사람인 나의 의지로 죽게 될 거야. 결국 내가 너를 죽이겠다는 무시무시한 뜻이죠. "I'll kill you"와 비슷한 표현이에요.

shall

① 상대방의 의견, 의향을 물을 때

② 주어가 아닌 화자의 의지

shall 용법

20번 쓰기

1. 상대방의 의향
2. 말하는 사람의 의지

1. Shall I buy this?
Shall we dance?
2. You shall pay it.

1. Shall I open the window?
Shall we go?
2. You shall die.

6 미래시제 will과 be going to

shall이 은퇴한 자리를 will 혼자서 메꾸고 있을까요? 혼자는 외로워 둘이랍니다. be going to가 그 친구예요.

현대영어에서는 주로 will과 be going to가 미래를 담당합니다. 그런데 이 둘은 약간 다르게 쓰입니다. will은 지금 막 결정한 미래의 일이고 be going to는 미리 결정되어 있던 미래의 일이에요.

다음은 will이나 be going to를 써야 하는 상황이에요. 둘 중 어느 것을 써야 하는지 생각해 보세요.

① 친구들이 모였어요. 그런데 A양이 보이지를 않아요. 아무리 기다려도 오지 않네요. 그러자 B양이 "내가 전화할게"라고 말해요.

② C군이 물동이를 들고 어딘가를 가고 있어요. D군이 뭐 하려고 그러냐고 물어요. C군은 "나는 차를 닦을 거야"라고 대답해요.

③ 아무리 기다려도 버스가 오질 않네요. 피곤한 E군은 결심했어요. "나 택시 탈래!"

④ F양이 어디론가 가고 있어요. G양이 어디로 가느냐고 물어요. F양은 "고객을 방문할 거야"라고 대답하네요.

① B양이 전화하겠다는 것은 지금 막 결정한 미래의 일이에요. A양이 1분 전에라도 왔다면 B양은 그녀에게 전화하지 않았을 거예요. 그래서 B양은 will을 써서 말해야 한답니다.

답) I will call her.

② C군이 물동이를 들고 있는 것은 집에서 차를 닦겠다고 결심을 하고 나왔다는 것을 의미해요. 계획을 다 세우고 나왔다는 것이죠. 그래서 be going to를 써야 해요.

답) I'm going to wash my car.

③ E군은 뭐라고 해야 할까요? 버스가 왔다면 택시를 탈 생각은 안 했을 테니까 지금 결정한 미래의 일을 말하는 거예요.

답) I will take a taxi.

④ F양은 미리 결정해 놓고 길을 나선 상태예요.

답) I'm going to visit a customer.

will

~할 것이다.
지금 결정된 미래 일

be going to

~할 예정이다.
미리 계획한 미래 일

그런데 미래라고 부를 만한 것들이 또 있어요. 숙어인데 미래의 뜻을 가진 것들이죠. 바로 be about to, be supposed to예요. 이 숙어는 많이 쓰이는 것들이라 예문을 통해 알아 둘 필요가 있어요.

be about to

막 ~하려고 하다.
곧 시작하는 미래

예) The ceremony is about to begin.
그 행사는 곧 시작할 거예요.

I am just about to leave.
나는 막 떠나려던 참이야.

be supposed to

막 ~하려던 참이다.
예정된 의무

예) You were supposed to call me.
너는 나에게 전화하기로 되어 있었어.

I'm supposed to work.
나는 일하기로 되어 있어.

미래시제 will과 be going to

20번 쓰기

1. will은 **지금 결정한** 미래의 일

2. be going to는 **미리 결정된** 미래의 일

1. I will call her.

2. I'm going to wash my car.

1. I will take a taxi.

2. I'm going to visit a customer.

7 단순현재와 현재진행

"뭐 해요?"라고 물었을 때 어떤 대답을 할 수 있을까요? 우리말에선 "밥 먹어요(현재 하고 있는 행동)" 혹은 "선생이에요(직업)"라는 두 가지 대답이 가능해요.

질문을 영어로 바꾸어 볼까요?

What do you do? 또는 what are you doing?

고민되네요. 둘 다 맞는 것 같기도 하고 아닌 것 같기도 해요. 우리나라 사람들은 이렇게 시제를 쓸 때 단순현재와 현재진행 사이에서 갈팡질팡하게 되지요. 우리말에선 "뭐 해요?"와 "뭐 하고 있는 중이에요?"를 굳이 구분하지 않으니까요. "뭐 해요?"는 단순현재, "뭐 하고 있는 중이에요?"는 현재진행인데 우리는 주로 단순현재를 쓰지요. 엄밀하게 따지면 현재진행형으로 표현해야 할 곳에도 뭉뚱그려 단순현재를 써요.

사실 "밥 먹어요"라는 대답에는 "뭐 하는 중이에요?"가, "선생이에요"라는 대답에는 "뭐 해요?"가 시제상으로 더 적절한 질문이 되겠죠? 굳이 따지려 들면 "밥 먹어요"보다는 "밥 먹는 중이에요"가 더 정확한 대답일 테고요.

하지만 우리말은 그렇게 구분해서 쓰지 않고요. 그래도 의사소통하는 데 아무 지장이 없어요. 영어를 제외한 거의 모든 나라 사람들이 (적어도 제가 알기로는) 단순현재와 현재진행을 일일이 구분하지 않고도 행복하게 잘만 살고 있어요.

하지만 영어의 시제는 단순현재와 현재진행이 무 자르듯 딱 구분되어야 해요. "뭐 해요?"와 "뭐 하는 중이에요?"는 완전히 다른 뜻이랍니다.

- What do you do? ············> I am a teacher.
  뭐 해요? 선생이에요.
- What are you doing? ······> I am eating.
  뭐 하는 중이에요? 밥 먹어요.

단순현재는 현재를 비롯하여 과거, 미래까지 아우르는 역할을 하고, 현재진행은 그야말로 현새 진행되고 있는 일인 거지요.

다른 예를 들어 볼까요?

- I drink coffee.
- I'm drinking coffee.

두 문장의 차이점을 혹시 아시나요?

"I drink coffee"는 내가 원래 커피를 마시는 사람이다, 이런 뜻이에요. 세상에는 커피를 안 마시는 사람도 있으니까요. 고로 나는 커피를 과거에도 마셨고 지금도 마시며 앞으로도 마실 것이다, 라는 얘기가 되는 거예요. 이와 달리 "I'm drinking coffee"는 지금 내가 커피를 마시는 중이다, 라는 뜻으로 현재 하고 있는 일만 나타내요.

- The sun rises in the east.
- The sun is rising.

같은 맥락에서 "The sun rises in the east"는 단순현재를 써서 해는 과거에도 현재에도, 미래에도 동쪽에서 뜬다는 것을 표현해요. 반면 현재진행형인 The sun is rising은 지금 막 해가 떠오르고 있을 때 쓰는 말이에요.

단순현재 → 과거, 현재, 미래까지 포함
현재진행 → 지금 하고 있는 일

알고 보니 단순현재와 현재진행의 차이는 정말 별것 아니었어요. 그런데 왜 그렇게 중요하다고 강조하고 또 강조하냐 하면요. 회화를 할 때 많은 사람들이 이걸 헷갈려 하기 때문이에요. 정말 많은 사람들이 틀려요. 단순현재와 현재진행의 쓰임이 우리말과는 전혀 다른데도 자꾸만 평소 습관대로 말을 해 버리거든요. 그러다 보니 별것도 아닌 게 자꾸 영어를 버벅거리게 하는 주범이 되곤 하지요.

단순현재와 현재진행

30번 쓰기

1. 단순현재 : 과거, 현재, 미래를 아우름

2. 현재진행 : 현재 진행되는 일 (be동사 + –ing)

1. What do you do? → I am a teacher.

2. What are you doing? → I am eating.

1. I drink coffee.

2. I'm drinking coffee.

1. The sun rises in the east.

2. The sun is rising.

8 단순현재와 현재진행 예외

대학생 때 동네 말썽쟁이들을 가르친 적이 있어요. 그 엄마들이 모여서 "어차피 정상적인(?) 선생님은 애들을 감당 못 하니 혜영이에게 맡겨 보자"고 했대요. 저, 졸지에 비정상적인 선생이 되었어요.

하루는 애들이 단체로 무단결석을 했어요. 그날 동네에 경찰차 소리가 요란했는데 알고 보니 패싸움을 해서 그런 거였더라고요. 제가 그런 비정상적인(?) 애들한테 어울리는 비정상적인(!) 선생이 맞았던지 우리, 꽤 사이좋게 지냈어요. 공부 시키는 일은 그리 쉽지 않았지만요.

"선생님, 근육질의 남자 좋아해요?"

"나는 똑똑한 남자를 좋아해."

"그래도 근육질의 남자한테 끌리죠?"

"별로."

"그래도 근육이 좀 있어야 남자답고 멋있잖아요. 똑똑한 남자 좋아한다는 건 본심이 아니죠? 우리 공부 시키려고 그러는 거죠?"

"그래그래. 나 근육질 남자가 세상에서 제일 좋다. 됐냐? 자, 이제 가정법을 볼까?"

"그런데 선생님, 여자들은 남자가 어떤 표정을 하고 있을 때 가장 멋지다고 생각해요?"

뭐 이런 식이에요. 짜식들, 어찌나 멋있어지려고 용을 쓰던지. 거기다가 선생 말은 귓등으로도 안 듣네요? 복수하기로 결심했어요. 마침 그때 걸프전이 나서 화학전 어쩌고 난리가 났었지요.

"얘들아, 걸프전에서 지금 화학무기를 쓰고 있는데 그게 바람을 타고 한반도까지 온대. 어른들은 괜찮은데 특히 청소년 남자애들한테는 치명적이라더라. 아마 남성호르몬 같은 거에 안 좋은 영향을 미친다지?"

애들 표정이 대번에 확 바뀌면서 한 아이가 물었어요.

"그럼 어떡해요?"

"집에 한 일주일만 숨어 있으면 돼. 바람에 다 날아가려면 그 정도 걸릴걸?"

남성호르몬이라는 말에 기겁을 하고 경청을 하더니만 사나흘 후에 다시 나타난 그들. 말썽꾸러기였지만 순진했지요.

"선생님, 숨어 있을 필요 전혀 없다는데요?"

"알아. 너희들 집에서 공부하라고 거짓말 좀 한 거야."

난리 난리 났었지요. 속았다고 펄펄 뛰는 애들에게 저는 계속 까불면 무슨 수를 써서라도 아예 문밖출입 자체를 못 하게 할 테니 두고 보라며 엄포를 놓았답니다. 그렇게 별 방법을 다 써 가며 녀석들을 공부시켰어요.

"선생님, 어차피 영어 문법은 예외투성이니까 그냥 아무렇게나 쓸래요. 틀리는 거나 예외나 뭐가 달라요?"

"예외? 그래, 예외 많지. 그러나 규칙에 비하면 예외는 새 발의 피야. 예외에 휩쓸려 규칙을 업신여겨서는 안 되지. 예외도 하나의 규칙이야. 고로 불규칙은 없어."

그 아이들은 지금 뭘 하고 있을까요? 같이 늙어 가고 있겠지요. 예외도 하나의 규칙이라는 제 말을 기억하고 있을까요? 규칙보다 예외가 더 활개를 치는 것 같은 이 세상을 살아 내느라 고단할까요? 그래도 규칙이

불규칙보다 더 많다는 제 말을 한번쯤은 생각해 주었을까요?

사설이 길었네요. 아무튼 불규칙도 존중하여 외워 두면 규칙처럼 따뜻해진답니다. 단순현재와 현재진행에도 규칙처럼 알아 두어야 할 불규칙이 있어요.

"나는 지금 책이 필요해"라는 말은 어떻게 만들까요?

- I am needing a book
- I need a book.

"I am needing a book"은 어딘가 좀 어색해요. 이유를 딱 꼬집어서 얘기하진 못하더라도 이게 틀린 말이라고 생각하는 분들 많을 거예요. 네, 이거 틀린 표현이에요. 답은 "I need a book"이에요.

왜 그럴까요? 지금 책이 필요한데, 과거에도 현재에도 미래에도 두루 필요한 것이 아니라 바로 지금! 필요한데 왜 현재진행이 아닌 단순현재를 쓸까요? 그건 바로 다음과 같은 규칙 때문이에요.

마음속에서 일어나는 일은 설령 그것이 지금 당장의 일이라고 해도 진행형을 쓰지 않는다. 단순시제를 쓴다.

- I belive you.

내가 너를 지금! 그 언제도 아닌 바로 지금 너를 믿고 있어도 단순현재를 쓰셔야 해요. 믿음은 마음속에서 일어나는 일이니까요.

■ I like you.

좋아하는 것도 마음속에서 일어나는 일이에요. 예전에 좋아했던 게 아니라 '지금' 좋아하는 거라도 I like you라고 말해야 해요.

■ I'm loving you.

광고에선가 미드에선가 분명히 들었던 이 문장은 그럼 뭘까요? 이 문장은 문법적으로는 틀린 표현이랍니다. 하지만 대화할 때는 강조를 위해 가끔 쓰기도 해요. 예외의 예외라고 할 수 있어요.

마음속에서 일어나는 일
love, believe, like
want, remember, hate, need
forget, know, understand
→ 현재 진행형이 아님

단순현재와 현재진행에 관한 또 다른 예외가 있어요. be동사(am, are, is 등)에 관한 거예요.

다음 두 문장은 어떻게 다를까요? 앞에서 배운 대로 정리해 보면 이렇게 돼요.

■ She is nice.
그녀는 과거에도, 지금도, 앞으로도 친절할 것이다.

■ She is being nice.
그녀는 지금 친절한 중이다.

어라? 좀 이상하네요? 방금 전에 마음속에서 일어나는 일은 진행형이 안 된다면서요!

이것도 예외랍니다. 원칙적으로 She is being nice는 마음속에서 일어나는 일이라 안 되는 거지만, 예외적으로 쓰이는 경우가 있어요.

She is being nice에는 두 가지 뉘앙스가 있답니다.

① 원래는 못된 그녀, 지금만! 친절하다는 약간 꼬인 느낌

② 평소와 상관없이 지금 그녀 정말! 친절하다는 걸 강조하는 느낌

다음 문장의 차이를 살펴볼까요?

- I'm silly.
  나는 어리석은 사람이야. 예전에도 그랬고 지금도 그렇고 미래에도 그럴 거야.
- I'm being silly.
  나는 원래는 똘똘해. 그런데 지금 어리석은 짓을 하고 있어.

be being + 형용사

① 평소와 다르게 행동할 때
② 그냥 강조의 의미

영어 시제는 알면 알수록 명쾌해요. 명쾌하게 알고 쓰면 더욱 개운하고요.

단순현재와 현재진행의 예외

30번 쓰기

1. 마음속에서 일어나는 일은 진행의 의미가 있어도 단순시제를 쓴다.

I need a book.

I believe you.

I like you.

2. be being + 형용사

: 예외의 경우 또는 강조의 의미

1. She is nice.

2. She is being nice.

1. I am silly.

2. I am being silly.

9 동사원형과 3인칭 단수

학창 시절에 라디오를 즐겨 듣곤 했어요. 제목도 기억나지 않는 어떤 심야 라디오 프로그램에 '꼭지의 일기'라는 코너가 있었어요. 꼭지라는 아이가 그날 하루 동안 일어난 일들을 일기처럼 얘기하는 거였지요. 어느 날 꼭지가 사춘기 소녀답게 이것도 싫다, 저것도 싫다면서 답답함을 털어놓자 누군가가 이런 조언을 해 줘요.

"꼭지야, 싫어하는 것 말고 좋아하는 것들에 집중해 보렴. 노트를 한 장 들고 좋아하는 것들을 써 봐. 싫어하는 걸 쓰려면 노트 한 장이 부족하지만 좋아하는 걸 쓰자면 노트 한 권도 부족할걸?"

꼭지는 속는 셈치고 끼적끼적 써 내려가기 시작했어요. 그랬더니만 이게 웬일? 좋아하는 것들이 어디선가 끝도 없이 쏟아져 나오는 거예요. 그때부터 꼭지는 싫어하는 일에 시간을 허비하는 대신 좋아하는 일에 집중하면서 살게 되었다는 흐뭇한(약간 뻔한) 이야기!

저도 좋아하는 일에만 집중해서 살려고 해요. 싫어하는 일을 생각하면 골치도 아프고, 마음도 아프고, 괜히 긴장이 되어 어깨도 아파요.

싫어하는 일을 떠올리고 싶지 않지만 굳이 예를 들자면, 저는 누군가를 왕따시키는 사람들을 싫어해요. 왕따는 인간이 저지를 수 있는 최악의 못된 짓이라고 생각해요.

그런데 이 못된 왕따 문제가 문법에서도 종종 일어나요.

사실 영어는 동사 변화가 거의 없는 언어예요. 동사원형이 대부분 그대로 단순현재로 쓰이지요. 영어 계통의 언어와 동양권의 언어를 뺀 나머지 언어들은 동사의 변화가 정말이지 살벌하답니다. 동사 변화 공부하다가 늙어요.

그래서 지금 얘기하려는 영어에서 단순현재의 왕따 현상은 말하기가 좀 민망하기는 해요. 그래도 이 별것 아닌 왕따가 문법에서 큰 비중을 차지하고 시험에도 꽤 자주 등장하니 마음을 가다듬고 들여다볼까요?

동사원형이란 뭘까요?

먹다, 먹는 것, 먹기 위해, 먹고, 먹는
먹고 싶어서, 먹을 때, 먹으니까

위 표현들은 모두 동사의 변형이에요. 참 변형이 많네요. 이 동사들의 원형은 '먹다'랍니다. '먹다'에서 파생된 이 많은 변화형을 어떻게 다 영어로 바꿀 것인지는 차차 고민하기로 하고, 일단 동사원형에만 주목해 주세요.

'먹다'를 영어로 바꾸면 eat이에요. 동사원형이지요. 동사원형은 사전에서 만나는 동사 형태예요. 사전에는 '먹는 것, 먹기 위해서, 먹고, 먹는, 먹고 싶어서, 먹을 때, 먹으니까'에 해당하는 단어들은 나오지 않아요.

영어에서는 동사원형을 단순현재 시제를 쓰는 데 사용해요. 그래서 때로 우리는 동사원형과 단순현재를 혼동하곤 해요. 하지만 개념은 엄연히 구분해야 한답니다.

영어 단순현재 원칙을 한번 볼까요?

영어에서는 동사원형이 단순현재에 쓰인다.

	단수	복수
1인칭	I eat	We eat
2인칭	You eat	You eat
3인칭	He/She eats	They eat

그러네요. 단순현재는 다 동사원형이네요. 그런데 저 s는 뭔가요? 다 좋은데 3인칭 단수 eat 뒤에 붙어 있는 s는 뭘까요? 바로 아까 말씀드린 왕따랍니다. 자기들은 다 동사원형을 쓰면서 he, she 등 3인칭 단수 뒤에는 s를 쓰게 했네요.

단순현재에는 동사원형을 그대로 쓰되 he, she 그리고 Tom, Jane 등 3인칭 단수에는 s를 붙인다는 원칙이 있거든요.

특별히 3인칭 단수를 신경 써 주어야 해요. 다 알고 있고 쉬운 것 같지만 의외로 종종 놓치는 부분이고 시험에도 자주 나온답니다.

보통 동사원형에 s를 붙이면 되지만 동사원형이 -o/-x/-sh/-ch/-ss로 끝나면 s 대신 es를 붙인다는 것도 참고하세요. have는 3인칭 단수 단순현재로 쓰일 때 has로 바뀐다는 것도 알아 두세요.

3인칭 단수 시제 공식

10번 쓰기

과거

단순과거	**He** spoke **English.**
수동	**English** was spoken **by him.**
과거진행	**He** was speaking **English.**
수동	**English** was being spoken **by him.**
과거완료	**He** had spoken **English.**
수동	**English** had been spoken **by him.**
과거완료진행	**He** had been speaking **English.**
수동	**English** had been being spoken **by him.**

현재

단순현재	**He** speaks **English.**
수동	**English** is spoken **by him.**
현재진행	**He** is speaking **English.**
수동	**English** is being spoken **by him.**
현재완료	**He** has spoken **English.**
수동	**English** has been spoken **by him.**
현재완료진행	**He** has been speaking **English.**
수동	**English** has been being spoken **by him.**

미래

단순미래	**He** will speak **English.**
수동	**English** will be spoken **by him.**
미래진행	**He** will be speaking **English.**
수동	**English** will be being spoken **by him.**
미래완료	**He** will have spoken **English.**
수동	**English** will have been spoken **by him,**
미래완료진행	**He** will have been speaking **English.**
수동	**English** will have been being spoken **by him.**

10 미래 같은 현재진행

미래시제는 will과 be going to만 알면 거의 끝나요. 그런데 미래가 아니면서도 버젓이 미래 행세를 하는 아이가 있어요.

현재진행은 이미 알고 계시죠? 현재진행은 영어의 시제 부분을 명확하게 만들어 주는 효자예요. 그런데 한번쯤 속 안 썩이고 크는 자식 있을까요? 현재진행이 분명 효자는 맞는데 엉뚱한 짓도 좀 해요.

현재진행은 말 그대로 현재 진행되는 일에 쓰여요. 현재 진행 중인 모든 일은 무조건 현재진행으로 써야 하고, 절대 단순현재와 뭉뚱그려 쓰지 않지요. 단, '마음속에서 진행되는 일에는 단순현재를 쓴다'라는 예외가 있긴 해요. 생각나죠?

이렇게 무 자르듯 명확하게 살던 현재진행이 심심해졌어요. 그래서 미래네 집에 놀러 왔어요. 그러고는 아예 눌러앉았네요. 자신의 일이 따로 있는데 미래 일까지 해 주느라 현재진행이 아주 바빠졌어요.

미래네 집에 눌러앉은 현재진행은 '미리 계획된 미래의 일'에 슬쩍 발을 담급니다. 그중에서도 일정이나 스케줄로 불릴 만한 일에 본격적으로 관여를 하게 되지요.

예를 들어 볼까요?

- She is working tomorrow.

  그녀는 내일 일할 것이다.

tomorrow라는, 명쾌하게 미래를 나타내 주는 부사가 있네요. 일정이라고 부를 만하죠?

- I'm going out this evening.

  나는 오늘 저녁 외출할 거야.

여기에도 this evening이라는 명쾌한 시제 표현이 있어요. 일정이라고 부르겠어요.

- He is playing football on Friday.

  그는 금요일에 축구할 거야.

여기에도 on friday라는 시제 표현이 있네요. 일정 맞습니다.

현재진행이 미래의 의미로 쓰일 때는 위 문장들처럼 시간과 때를 명확하게 나타내는 부사와 함께 등장하는 경우가 많아요. 의외로 구분하기 쉽겠죠?

현재진행 + 시간과 때를 나타내는 부사 = 예정된 미래

미래의 의미로 쓰이는 현재진행

20번 쓰기

현재진행은 주로 때를 명확하게 나타내는 부사와 함께,

일정이나 스케줄의 의미로 미리 결정된 미래를 나타내기도 한다.

She is working tomorrow.

I'm going out this evening.

He is playing football on Friday.

11 시제 분석 훈련

시제가 생각보다 간단하지 않나요? 앞으로는 영어 문장에 나오는 동사 시제는 아무리 길어도 척척 한눈에 잡아낼 수 있어야 해요. 여태까지 정리한 시제들을 다시 한 번 심층 분석해 볼까요?

영어에 시제를 결정하는 동사가 여러 개 있을 경우 항상 맨 앞에서 과거, 현재, 미래가 결정된답니다. 시제의 맨 뒤에는 반드시 뜻(동작)이 나와요. 그리고 두 개씩 묶어 단순, 진행, 완료, 완료진행 중 어떤 건지 확인해 보면 된답니다.

문장으로 살펴볼까요?

■ You were speaking English.

이 문장에서 동사, 아니 시제를 찾아보세요. were speaking이에요.

과거인지, 현재인지, 미래인지 알려면 시제의 맨 앞에 있는 were을 보면 돼요. 이 문장의 시제는 과거예요. 시제의 맨 뒤에 있는 speaking은 뜻을 가지고 있어요. 이렇게 과거, 현재, 미래를 결정해 놓고, 뜻까지 찾은 다음에는 동사를 둘씩 묶어 주세요.

둘씩 묶으면 were speaking이 되네요. be동사 + -ing의 형태이므로 진행이에요. 그래서 You were speaking English의 시제는 과거진행이 된답니다.

좀 더 복잡한 문장으로 살펴볼까요?

■ English has been being spoken by you.

시제를 찾아 밑줄을 긋고 과거, 현재, 미래를 결정하는 맨 앞과 뜻을 결정하는 맨 뒤가 뭔지 보세요. 그리고 둘씩 짝을 지어 봐요.

현재 ↓ … 뜻 ↓

English <u>has been being spoken</u> by you.

has been ········ **have + p.p. – 완료**

been being ········ **be동사 + -ing – 진행**

being spoken ········ **be동사 + p.p. – 수동**

위 문장의 시제는 현재+완료+진행=현재완료진행, 그리고 수동이네요.

시제 결정 공식

20번 쓰기

1. 시제의 맨 앞에서 과거, 현재, 미래가 결정되며,
   시제의 맨 뒤에는 뜻이 있다.

2. 시제의 동사를 두 개씩 묶어서 단순, 진행, 완료, 완료진행,
   그리고 수동을 결정한다.

현재 ↓ (has) … 뜻 ↓ (spoken)

English has been being spoken by you.

has been ········ 완료

been being ········ 진행

being spoken ········ 수동

12 조동사와 시제

어린 시절, 학교에 가기 싫어서 치를 떨던 날이 있었어요. 바로 예방주사 맞는 날! 주사 맞기가 어찌나 싫었던지 주사 놓는 양호선생님까지 미웠어요. 친구들의 눈총을 받아 가며 슬금슬금 뒤로 빠지다가 늘 맨 꼴찌로 눈을 질끈 감고 맞곤 했지요.

그렇게 진을 빼고서 주사를 맞고 나면 그땐 또 마음이 바뀌어요. 생각보다는 나쁘지 않은걸? 하지만 또다시 주사 맞는 날이 다가오면 죽을 만큼 그 순간이 두려웠어요.

하루는 화장실에 숨었어요. 그랬더니 그냥 넘어가더라고요. 이렇게 쉬운 방법을 놔두고 그동안 바보처럼 고통받아 왔다니, 믿을 수가 없었어요. 다음에도 꼭 화장실에 숨겠다고 굳게 결심했지요.

하지만 곧이어 지옥을 만났어요. 주사를 맞지 않은 사람들이 겪을지도 모를 고통에 대해 선생님께서 상세하게 설명을 해 주셨거든요. 아마 장티푸스였지 싶어요. 주사를 안 맞은 채 그 설명을 들은 저는 어느새 장티푸스 환자가 되어 있었어요. 식은땀이 어떤 느낌인지를 그때 처음 알았어요.

기운 없이 집에 돌아온 저는 병든 닭처럼 자리를 깔고 누웠어요. 그리고 뭐가 그리 서러웠는지 엉엉 울다가 잠이 들었어요. 이미 죽은 목숨이었는데 꿈에선들 편했을 리가 없죠. 백번을 고쳐 죽었어요.

저를 발견한 엄마가 화들짝 놀랐어요. 겁에 질려 모든 걸 이실직고했지요. 다 죽어 가는 와중에 선생님의 설명까지 자세하게 덧붙이는 불쌍한 어린 딸을 위로해 주지는 못할망정 터프한 우리 엄마, 제 머리를 쥐어박으며 한마디 하셨어요.

"안 죽어. 내일 학교 가서 맞으면 돼."

아아, 내일 맞으면 되는구나! 주사 맞기를 그토록 고대해 보기는 그때가 처음이자 마지막이었어요. 다음 날 엄마의 주선(?)으로 큰 꾸지람 없이 주사를 맞았고, 화장실에 숨는 어리석은 짓은 두 번 다시 하지 않았답니다.

우리가 걱정하는 일들 중 대부분은 실제로는 일어나지 않아요. 그걸 알면서도 매번 걱정을 반복하는 게 우리 인간이에요. 저는 요즘도 주사를 맞으려고 하면 걱정에 사로잡혀요. 눈을 하도 드라마틱하게 감아서 "Are you OK?" 소리를 꼭 한 번씩 듣는답니다. 맞고 나선 또다시 별것 아니었다고 중얼거리곤 하지요. 정말 나잇값 못 한다고 생각해요.

제가 덮어놓고 무조건 주사를 싫어하듯, 영어 문법이라면 칠색 팔색을 하는 분들을 가끔 만나요. 예방주사를 건너뛰었다가 자칫 안 걸려도 될 병에 걸릴 수 있는 것처럼, 문법도 그냥 지나치면 굳이 썩지 않아도 될 골치를 무더기로 썩여야 해요. 예방주사는 눈 딱 감고 맞는 게 좋고요, 문법도 눈 질끈 감고 헤쳐 나가는 게 답이라고 생각해요.

예방주사는 대부분 한 번 맞으면 끝나요. 문법 역시 일단 한 번 틀을 만들어 놓으면 평생을 간답니다. 한 번 자리 잡은 문법은 평생 속을 썩이지 않아요.

이번에는 You speak English 시제 공식을 조금 확장한 표를 써 볼 건

데요. 조동사 can이 더해진 표를 볼 거예요. 조동사는 동사를 도와주는 동사라는 뜻이에요. 이름 그대로 보조하는 역할을 하지요. 항상 동사 앞으로 와요.

can의 과거는 could이고 미래는 없어요. 미래에 조동사 will이 이미 쓰였으니까요. 조동사 두 개는 나란히 올 수 없다는 원칙이 있어요. 정 can의 의미를 강화하고 싶으면 can 대신 be able to를 사용해야 한답니다.

그리고 조동사 뒤에는 동사원형이 와야 한다는 원칙도 있어요. 가령 English has been~ 같은 형태는 English can have been~으로 바뀌어요. has가 have라는 동사원형으로 바뀌어 can의 뒤로 가는 거죠.

시제 공식은 우리말로 정확하게 해석을 할 수가 없어요. 시제의 이름이 가지는 용법을 이해해서 대입시키는 방법이 가장 좋아요.

조동사 포함 시제 기본 공식

10번 쓰기

과거

단순과거	You spoke English.
조동사	You could speak English.
수동	English was spoken by you.
조동사	English could be spoken by you.
과거진행	You were speaking English.
조동사	You could be speaking English.
수동	English was being spoken by you.
조동사	English could be being spoken by you.
과거완료	You had spoken English.
조동사	You could have spoken English.
수동	English had been spoken by you.
조동사	English could have been spoken by you.
과거완료진행	You had been speaking English.
조동사	You could have been speaking English.
수동	English had been being spoken by you.
조동사	English could have been being spoken by you.

현재

단순현재 **You** speak **English.**

조동사 **You** can speak **English.**

수동 **English** is spoken **by you.**

조동사 **English** can be spoken **by you.**

현재진행 **You** are speaking **English.**

조동사 **You** can be speaking **English.**

수동 **English** is being spoken **by you.**

조동사 **English** can be being spoken **by you.**

현재완료 **You** have spoken **English.**

조동사 **You** can have spoken **English.**

수동 **English** has been spoken **by you.**

조동사 **English** can have been spoken **by you.**

현재완료진행 **You** have been speaking **English.**

조동사 **You** can have been speaking **English.**

수동 **English** has been being spoken **by you.**

조동사 **English** can have been being spoken **by you.**

미래

단순미래	**You** will speak **English.**
수동	**English** will be spoken **by you.**
미래진행	**You** will be speaking **English.**
수동	**English** will be being spoken **by you.**
미래완료	**You** will have spoken **English.**
수동	**English** will have been spoken **by you.**
미래완료진행	**You** will have been speaking **English.**
수동	**English** will have been being spoken **by you.**

13 조동사 정리

조동사를 포함한 시제 공식은 다 써 보셨나요? 조동사가 무엇인지는 기억하고 계시죠? 조씨 성을 가진 동사, 조동사는 그야말로 철저하게 동사를 돕는 동사랍니다. 그래서 조동사 뒤에는 반드시 동사가 나와요. 조동사는 동사의 기본 뜻에 특별한 의미를 더해 주지요.

그런데 흔히 듣는 "Yes, I can"은 어찌된 일이죠? can은 분명히 조동사인데, 동사는 대체 어디에 있는 걸까요?

이때 can은 조동사 맞고요. 홀로 쓰인 게 아니고 뒤에 있어야 할 동사가 생략된 거예요. 가령 "Can you speak English?"라고 물었을 때 원래는 "Yes, I can speak English"가 대답이 되어야 하는데, 뒷부분이 생략되고 "Yes, I can"만 남은 것이랍니다.

조동사가 나오면 이처럼 뒤에 동사가 생략돼도 원래의 동사를 찾을 수 있어야 합니다. 조동사는 동사 없이는 존재할 수 없다는 것이 절대법칙이니까요.

조동사엔 무엇이 있을까요?

조동사의 종류

현재	뜻	과거	뜻
will	~할 것이다 (미래)	would	~할 것이다 (will보다 정중)
shall	~할까요? (상대방의 의향) ~할 것이다 (화자의 의지)	should	~해야 한다 (충고) ~일 것이다 (확신)
may	~일지도 모른다 (약한 확신)	might	~일지도 모른다 (약한 확신)
can	~할 수 있다 (능력, 확신)	could	~할 수 있었다 (과거 능력) ~할 수 있을 거야 (미래 확신, can보다 약함)
must	~해야만 한다 (강한 충고)	had to	~했어야 했다 ~임에 틀림없다 (강한 확신)

이게 가장 기본적인 조동사들이에요. 달달 외울 필요가 있어요.

그런데 한숨 나올 일이 있어요. 원래 동사의 단순현재 뜻을 알면 과거의 뜻도 저절로 알게 되지만 조동사는 얘기가 달라요.

표에서도 알 수 있듯이 조동사의 과거형은 현재형과 그 쓰임이 좀 다르답니다. will의 뜻을 안다고 would까지 알게 되는 게 아니고요. shall과 should는 거의 남남 같아요. must는 과거형이 없어서 비슷한 뜻인 have to의 과거형 had to를 써요. have to도 '반드시 ~해야만 한다'라는 뜻이지만 must보다는 약해요.

단 may와 might는 뜻이 거의 같습니다.

might는 may의 과거로 둘 다 추측을 나타낼 때 써요. 얘네만 현재, 과거가 쓰임이 거의 동일해요. might는 원칙적으로 과거일 때 쓰이고

might만의 특징을 가지고 있긴 하지만 일단 둘이 거의 똑같다고 생각해 주세요.

예를 들어 볼까요?

- It may be true.
- It might be true.

둘 다 "그건 사실일 거야"라는 추측의 뜻으로 해석하면 무난해요.

- She may go to France.
- She might go to France.

이것도 둘 다 "그녀는 프랑스에 가게 될 것이다"로 해석하면 돼요. 이리 보아도 저리 보아도 간단한 아이들이죠.

조동사의 종류

20번 쓰기

현재	뜻	과거	뜻
will	~할 것이다 (미래)	would	~할 것이다 (will보다 정중)
shall	~할까요? (상대방의 의향) ~할 것이다 (화자의 의지)	should	~해야 한다 (충고) ~일 것이다 (확신)
may	~일지도 모른다 (약한 확신)	might	~일지도 모른다 (약한 확신)
can	~할 수 있다 (능력, 확신)	could	~할 수 있었다 (과거 능력) ~할 수 있을 거야 (미래 확신, can보다 약함)
must	~해야만 한다 (강한 충고)	had to	~했어야 했다 ~임에 틀림없다 (강한 확신)

may와 might : ~일 거야

1. It may be true.

2. It might be true.

1. She may go to France.

2. She might go to France.

*may가 의문문으로 쓰일 경우엔 공손한 요구.

14 must, have to, should의 구별

저는 일식을 좋아하는데 메뉴를 정할 때마다 늘 고민에 빠지곤 해요. 생선회는 생선 고유의 맛을 즐기기엔 딱인데 날것이라 탈 날 염려가 좀 있어요. 초밥은 밥맛이 섞여 생선 고유의 맛은 떨어지지만 생선 맛도 즐기고 밥으로 강렬한 맛을 완화시켜요. 매운탕은 일단 끓였으니 탈이 날 염려가 거의 없네요. 이것저것 양념이 들어가서 향도 좋고요.

must, have to, should와 같이 '~해야 한다'라는 뜻의 조동사들을 일식 메뉴에 비유할 수 있어요.

must는 생선회 같아요. 잘 쓰면 기가 막히게 효과가 좋은데 탈이 나면 괴로워요.

have to는 초밥 같아요. 생선 맛도 나고, 밥맛도 나고.

should는 매운탕 같아요. 생선 맛이 여러 가지 양념의 향기와 어우러지지요.

- You must do it.
- You have to do it.
- You should do it.

우리말로 해석하면 셋 다 "너는 해야 한다"라는 뜻이지만 영어로는 뉘앙스가 많이 달라요.

must가 사용된 'You must do it'은 생선 맛이 뚜렷한 생선회처럼 의미가 강렬해요. '너 꼭 그걸 해야 돼. 안 하면 큰일 나!' 같은 강요가 내포되어 있어요. 다분히 감정적이에요. 그러나 잘만 쓰면 나의 의지를 전하기에 이처럼 좋은 표현이 없어요.

'You have to do it'은 생선 맛이 완화된 초밥 같아요. 격렬한 감정은 없어요. '누가 봐도 네가 그걸 해야 해'라는 의미로 한 발짝 물러선 표현이에요. 남들 눈에 당연해 보이는 일을 권할 때 쓰는 말이죠. '네가 해야 한다'라는 나의 의사는 표현하되, 남들의 의견까지 슬쩍 넣어서 얘기하는 방식이에요.

'You should do it'에는 '해야 한다'라는 강요가 거의 없어요. 충고나 권유의 뉘앙스가 강해요. '(강요하는 건 아니지만 내가 경험자로서 봤을 때) 너는 그것을 하는 편이 좋아' 혹은 '나라면 그것을 하겠어' 정도의 의미가 있어요. 생선 고유의 맛은 거의 없지만 분명 생선 음식이긴 한 매운탕처럼요.

예문을 볼까요?

■ You must finish your homework.

여기엔 크게 두 가지의 뉘앙스가 있어요. '너 숙제 꼭 끝내, 안 그러면 혼난다!' 같은 강요의 의미와 '당신은 숙제를 꼭 끝내야만 해요, 저는 그렇게 생각해요' 식의 간곡함. 효과는 확실하지만 정말 잘 써야 하는 표현이겠죠.

■ You have to work hard.

"당신은 열심히 일해야 합니다"라고 의무를 이야기하지만 이건 내 의견이 아니고 일반적으로 누구나 다 아는 사실이라는 뉘앙스가 있어요. 일반적인 규범이나 의무를 표현하기엔 딱이지요. 너는 교통법규를 지켜야 해, 이 학교에선 교복을 입어야 해, 같은 상식적인 내용에 쓸 수 있는 표현이에요. have to는 감정이 들어가 있지 않아서 우리말의 '~해야 한다'에 두루두루 쓰기 좋아요.

■ You should eat less.

"당신은 덜 먹어야 해요"라는 말을 들으면 당연히 기분 나쁘겠지요. "네가 나 밥 먹는 데 보태 준 거 있냐"는 반응이 나오기 십상이에요. 그러나 의사 선생님이 하신 말씀이라면 사정이 좀 다르겠죠? should는 전문지식을 가지고 있거나 경험이 많은 사람이 뭔가를 권하거나 충고할 때 주로 사용해요. 이 표현도 참 많이 쓰여요. 자신의 경험이 투영된 표현이니까요.

must, have to, should 구별

30번 쓰기

1. must : 강요, 간곡한 충고

2. have to : 일반적 사실

3. should : 권유, 충고

1. You must do it.

2. You have to do it.

3. You should do it.

1. You must finish your homework.

2. You have to work hard.

3. You should eat less.

15 must와 can not

대학 때 소개팅을 주선한 적이 있어요. 둘 다 서글서글하고 밝은 사람들이라 만나면 잘 통하겠다는 생각으로 만든 자리였지요. 그 뒤로 제가 바빠지면서 한동안 잊고 지냈어요. 두 사람을 만나는 것도 뜸해졌고요. 그러다 어느 날 둘이 결혼하게 되었다는 소식을 들었어요.

사실 둘의 관계가 그렇게까지 진전될 줄은 몰랐어요. 좋은 친구가 되라는 의미에서 만나게 했을 뿐, 알콩달콩 사랑을 나누는 사이가 될 거라고는 기대하지 않았거든요.

뭔가 큰일을 했다는 생각에 가슴이 벅차다가 문득, 둘이 많이 닮았다는 생각이 들었어요. 동글동글한 눈에 유난히 예쁜 코, 게다가 사탕을 문 것처럼 똑같이 볼록한 볼. 돌이켜 보니 둘은 정말 남매지간처럼 서로 닮았더라고요. 천생연분이다 싶었어요. 제가 프랑스로 가느라 결혼식에는 참석 못 했지만 항상 그들의 행복을 마음속으로 빌었어요. 지금도 행복하게 잘 살고 있을 거라 믿어요.

인연은 때로 그렇게 예상치 못하게 엮이나 봐요. 그렇지만 잘 생각해 보면 다 이유가 있더라고요. 지금 공부할 must와 can not도 문법상 짝꿍이지만 언뜻 보기에는 별 상관이 없어 보여요. 그들은 어찌하여 짝꿍이 되었을까요?

must는 '~해야 한다'라는 의무를 나타내요. 그런데 중차대한 임무를 하나 더 갖고 있어요. '~임에 틀림없다'라는 강한 추측을 할 때도 must가 유용하게 쓰인답니다.

- You must go.
  너는 가야 한다. (의무)
- You must be happy.
  너는 행복할 것임에 틀림없다. (강한 추측)

can은 '~할 수 있다'라는 능력을 나타내는 대표적 조동사이지만 의문문에서 쓰이면 강한 의혹을 나타낼 때가 자주 있답니다. 그래서 can의 부정형인 can not은 '할 수 없다'라는 뜻뿐만 아니라 '~일 리가 없어'라는 강한 부정 의혹의 뜻도 가져요.

- You can do it.
  너는 그것을 할 수 있어. (능력)
- Can it be true?
  그게 정말 사실일까? (강한 의혹)
- It can't be true.
  그게 사실일 리 없어! (강한 부정 의혹)

정리해 볼까요?

must는 '~해야 한다'라는 뜻 외에 강한 추측에도 쓰입니다. can은 '~할 수 있다'라는 뜻 외에 강한 의혹에도 쓰이는군요. 의무와 능력 외에 둘 다 추측의 뜻도 가지네요.

must와 can not이 짝이 된 이유를 아셨죠? 강한 긍정의 추측에는 must(~임에 틀림없다)를 쓰고, 강한 부정의 추측에는 can not(~일 리가 없다)을 쓴답니다.

참고로 must가 '해야 한다'라는 의무의 뜻일 때는 must not(~해서는 안 된다)이 짝이랍니다.

must와 can't 공식

30번 쓰기

1. must : ~ 해야 한다(의무), ~임에 틀림없다(강한 긍정의 추측)

2. can : ~ 할 수 있다(능력), 정말 ~일까?(강한 의혹)

3. can't : ~할 수 없다(무능력), ~일 리가 없다(강한 부정의 추측)

1. You must go.

2. You can do it.

3. It can't be true.

1. You must be happy.

2. Can it be true?

3. She can't be stupid.

16 시제 완결 공식

드디어 You speak English 시제 공식 완결편을 볼 시간이에요.

처음엔 기본 공식 12개로 시작했고, 수동태를 넣어서 24개 문장으로 늘어난 공식까지 공부했어요. 거기다 3인칭 단수의 시제 공식도 반복했고요. 그리고 can이라는 조동사를 넣어 40개 문장도 반복했지요. 이제는 그 40개 문장에 부정문, 의문문까지 추가해서 120개 문장을 익힐 거예요. 좀 많아요.

120개 문장을 30번씩 써 주세요. 총 3천6백 번! 쓰다 보면 또다시 인내의 한계를 느끼게 될 거예요. 게다가 이미 30번, 50번씩 쓴 문장들을 또 쓰기가 힘들어서 슬쩍 지나치고 싶을 거예요. 그러나 한계를 뛰어넘어. 이번 30번만 끝내고 나면 지금껏 공부를 하면서도 찜찜했던 시제와 부정문, 의문문의 구조가 깨끗하게! 정리될 거예요.

사실은 30번을 다 쓰지 않아도 시제 구조는 금세 정리가 돼요. 그러나! 그래도! 30번을 반드시 채워야 해요. 그래야 오래 남아요.

눈을 믿지 마세요. 머리도 믿지 마세요. 오직 반복을 통해 몸이 저절로 기억하는 것들만 믿으세요. 어학은 머리로 이해하는 게 아니에요. 몸으로 기억해야 하는 거랍니다. 아무리 정확하게 이해했더라도 필요한 순간에 탁 튀어나오지 않으면 쓸모가 없어요. 그게 어학이에요.

시제 완결 공식

30번 쓰기

과거

단순과거

You spoke English.

You did not speak English.

Did you speak English?

조동사	You could speak English.
	You could not speak English.
	Could you speak English?
수동	English was spoken by you.
	English was not spoken by you.
	Was English spoken by you?
조동사＋수동	English could be spoken by you.
	English could not be spoken by you.
	Could English be spoken by you?

과거진행

You were speaking **English.**

You were not speaking **English.**

Were **you** speaking **English?**

조동사

You could be speaking **English.**

You could not be speaking **English.**

Could **you** be speaking **English?**

수동

English was being spoken **by you.**

English was not being spoken **by you.**

Was **English** being spoken **by you?**

조동사 + 수동

English could be being spoken **by you.**

English could not be being spoken **by you.**

Could **English** be being spoken **by you?**

과거완료

You had spoken **English.**

You had not spoken **English.**

Had **you** spoken **English?**

조동사 **You** could have spoken **English.**

You could not have spoken **English.**

Could **you** have spoken **English?**

수동 **English** had been spoken **by you.**

English had not been spoken **by you.**

Had **English** been spoken **by you?**

조동사+수동 **English** could have been spoken **by you.**

English could not have been spoken **by you.**

Could **English** have been spoken **by you?**

과거완료진행

You had been speaking **English.**

You had not been speaking **English.**

Had **you** been speaking **English?**

조동사	**You** could have been speaking **English.**
	You could not have been speaking **English.**
	Could **you** have been speaking **English?**
수동	**English** had been being spoken **by you.**
	English had not been being spoken **by you.**
	Had **English** been being spoken **by you?**
조동사+수동	**English** could have been being spoken **by you.**
	English could not have been being spoken **by you.**
	Could **English** have been being spoken **by you?**

현재

단순현재

You speak English.

You do not speak English.

Do you speak English?

조동사

You can speak English.

You can not speak English.

Can you speak English?

수동

English is spoken by you.

English is not spoken by you.

Is English spoken by you?

조동사 + 수동

English can be spoken by you.

English can not be spoken by you.

Can English be spoken by you?

현재진행

You are speaking **English.**

You are not speaking **English.**

Are **you** speaking **English?**

조동사

You can be speaking **English.**

You can not be speaking **English.**

Can **you** be speaking **English?**

수동

English is being spoken **by you.**

English is not being spoken **by you.**

Is **English** being spoken **by you?**

조동사 + 수동

English can be being spoken **by you.**

English can not be being spoken **by you.**

Can **English** be being spoken **by you?**

현재완료

You have spoken English.

You have not spoken English.

Have you spoken English?

조동사

You can have spoken English.

You can not have spoken English.

Can you have spoken English?

수동

English has been spoken by you.

English has not been spoken by you.

Has English been spoken by you?

조동사 + 수동

English can have been spoken by you.

English can not have been spoken by you

Can English have been spoken by you?

현재완료진행

You have been speaking **English.**

You have not been speaking **English.**

Have **you** been speaking **English?**

조동사

You can have been speaking **English.**

You can not have been speaking **English**

Can **you** have been speaking **English?**

수동

English has been being spoken **by you.**

English has not been being spoken **by you.**

Has **English** been being spoken **by you?**

조동사+수동

English can have been being spoken **by you.**

English can not have been being spoken **by you.**

Can **English** have been being spoken **by you?**

미래

단순미래

You will speak **English.**

You will not speak **English.**

Will **you** speak **English?**

수동

English will be spoken **by you.**

English will not be spoken **by you.**

Will **English** be spoken **by you?**

미래진행

You will be speaking **English.**

You will not be speaking **English.**

Will **you** be speaking **English?**

수동

English will be being spoken **by you.**

English will not be being spoken **by you.**

Will **English** be being spoken **by you?**

미래완료

You will have spoken **English.**

You will not have spoken **English.**

Will **you** have spoken **English?**

수동

English will have been spoken **by you.**

English will not have been spoken **by you.**

Will **English** have been spoken **by you?**

미래완료진행

You will have been speaking **English.**

You will not have been speaking **English.**

Will **you** have been speaking **English?**

수동

English will have been being spoken **by you.**

English will not have been being spoken **by you.**

Will **English** have been being spoken **by you?**

2. 전치사구와 부사를 버린다

문장의 중심 뜻인 동사를 먼저 공부하긴 했지만
사실 문장 해석을 위해 첫 번째로 할 일은
전치사구와 부사를 버리는 것이랍니다.
전치사구와 부사를 버리면 문장이 한결 가벼워집니다.
훨씬 만만해져요.
제대로 버리려면 일단 전치사구가 뭔지 알아 둘 필요가 있고
부사를 외워 둘 필요가 있어요.

1 전치사구

드라마에서는요, 옥탑방 밖에서 이불 빨래를 하며 서로 쳐다보면 없던 사랑도 피어나고, 있던 사랑은 더욱 돈독해지더라고요. 바지 자락을 걷어붙이고 다리로 세제 방울 가득한 이불을 밟는 모습도 싱그러워서 보기 좋고요. 이불 빨래하며 하늘을 향해 웃는 웃음이야말로 백만 불짜리 웃음이라고 생각했어요. 한번 해 보고 싶었어요. 사랑하는 남편과 오손도손.

그래서 해 봤어요.

비행기 표 끊어서 당장 한국으로 날아가 방송국에 난입해서 "작가랑 피디 다 나와!" 하고 난동 부릴 뻔했어요. 멋모르고 욕조 물속에 이불을 집어넣었다가 류머티즘, 관절염, 디스크가 세트로 생기는 줄 알았어요. 그렇게 무거운 건 세상에 태어나 처음이었어요. 이불이 바위로 변하는 놀라운 현상을 몸소 체험했어요.

남편은 힘 못 쓰는 부인한테 조금 더 높이 들어 보라고 재촉하기 바빠서 사랑 같은 건 근처에 가지도 못했어요. 기운이 달려서 가방도 가벼운 걸로만 골라 드는데, 이 나이에 바윗덩어리 같은 이불 짜고 있게 생겼냐고요. 짜증이 절로 났어요. 이불 빨래하자고 먼저 말했던 제 입을 확! 꿰매 버리고 싶었어요. 이불 빨래에서 피어날 사랑은 눈곱만큼도 없다는 게 저의 결론이에요.

물먹은 솜의 무게는 정말 대단했어요. 그런데 그렇게 고생을 하며 빨아서 말리고 나니, 물 빠진 솜은 엄청 가볍더라고요.

전치사구를 뺀 영어가 딱 물 빠진 솜이에요. 해석이 그만큼 가벼워져요. 전치사가 주렁주렁 매달린 문장은 물먹은 솜이고요. 물먹은 솜에 사랑은 없어요. 사랑은 물 빠진 솜에서 피어올라요.

그러니까 영어 해석을 하기 전에 습관적으로 일단 전치사구부터 제거해서 물먹은 영어를 물 빠진 영어로 바꾸는 일이 무엇보다도 중요해요.

전치사 다음에는 반드시 명사가 와야 한다는 원칙이 있어요. 그렇게 전치사와 명사가 만나서 생겨난 게 바로 전치사구인데요. 이 전치사구는 단어만 알면 95% 정도는 무난하게 해석이 된다는 기막힌 장점을 갖고 있어요.

사실 전치사구는 문법의 영역이 아니라 어휘의 영역에 들어가요. 다만 전치사는 그 양이 무척 많아서 외우는 데 약간의 어려움이 있긴 해요. 하지만 전치사는 일단 눈에 익고 나면 영어 실력을 일취월장 키워 주는 로또 같은 역할을 한답니다.

전치사구 = 전치사 + 명사

영어처럼 전치사가 분주하게 오만 가지 역할을 하는 언어는 별로 없어요. 어떤 문장은 거의 다 전치사구로 이루어졌다는 생각마저 들게 해요. 그러니 전치사구를 한눈에 식별해서 빼내는 습관을 들이고 나면 영어가 순식간에 가벼워져요. 해석 능력이 향상되는 것은 물론이고요. 문장을 읽는 속도도 말할 수 없이 빨라져요.

중요 전치사 목록

20번 쓰기

단어 하나씩 쓰지 말고 단어 전체를 20번 써 주세요. 뜻은 안 쓰셔도 돼요.

A **aboard, about, above, across, after, against, along, amid, among, anti, around, as, at**

B **before, behind, below, beneath, beside, besides, between, beyond, by**

D **despite, down, during**

E **except**

F **for, from**

I **in, inside, into**

L **like**

N **near**

O **of, off, on, onto, outside, over**

P **past, per**

R **regarding, round**

S **since**

T **than, through, to, toward, towards**

U **under, underneath, unlike, until, up, upon**

V **versus, via**

W **with, within, without**

전치사의 뜻

A **aboard** (배, 기차, 비행기 등)에 탄 **about** ~에 대한 **above** ~보다 위에 **across** 가로질러 **after** (움직이는 것) 뒤에 **against** ~에 반대하여(맞서) **along** ~을 따라 **amid** ~으로 에워싸인 **among** ~의 가운데에 **anti** ~에 반대하여 **around** 둘레에, 돌아, 맞춰 **as** ~처럼, ~로서 **at** (시간, 장소)~에서, ~로

B **before** ~보다 앞에 **behind** (위치가) ~보다 뒤에 **below** (위치가) ~보다 아래에 **beneath** (접하여) 아래에 **beside** 옆에, ~에 비해 **besides** ~외에 **between** (위치, 시간, 양) 중간에 **beyond** ~너머 **by** ~옆에서, ~에 의하여

D **despite** ~에도 불구하고 **down** (높은 쪽에서) 아래로 **during** ~하는 중에

E **except** ~외에는

F **for** ~를 위해, ~동안 **from** ~부터, ~에서

I **in** ~안에 **inside** ~의 내부에서 **into** ~안으로

L **like** ~와 비슷한, ~처럼

N **near** ~에 가까이

O **of** ~의 **off** ~에서 떨어져서 **on** (~의 표면) 위에 **onto** ~(위)로, ~쪽으로 **outside** ~ 밖에 **over** ~의 위를 넘어서

P **past** 지나서 **per** 각 ~에 대하여

R **regarding** ~에 관하여 **round** ~을 돌아

S **since** ~부터

T **than** ~보다 **through** ~을 관통하여 **to** ~로, ~쪽으로 **toward** ~을 향하여 **towards** ~을 향하여(영국에서 주로 쓰임)

U **under** ~아래에 **underneath** (덮여서) ~아래에 **unlike** ~와 다른 **until** ~할 때까지 **up** 위쪽으로 **upon** (= **on**, 격식적) 위쪽으로

V **versus** (시합 또는 소송에서) 대(對) **via** ~를 경유하여

W **with** ~와 함께 **within** ~이내에 **without** ~없이

2 부사

부사는 쓰임이 보통 다양한 게 아니에요. 동사, 형용사, 부사를 꾸밀 수도 있고 문장 전체를 꾸밀 수도 있어요. 때, 장소, 이유, 조건, 양보, 목적, 원인, 결과, 정도, 방법 등등을 나타내면 그것도 부사가 되지요. 명짧은 사람은 세다가 숨넘어갈 정도로 하는 일이 많아요.

기본적으로 부사는 '~하게'로 해석되는 경우가 많아요. 대부분 이런 경우는 -ly로 끝나요. -ly만 알아 놓아도 거의 대부분의 부사를 아는 거예요. slowly는 느리게, happily는 행복하게, carefully는 조심스럽게.

보니까 -ly가 붙으면 그리 어렵지 않게 해석이 가능하네요. -ly로 끝나지 않는 부사들도 물론 많지만 그 경우에도 대략 뜻대로만 해석하면 되는 경우가 대부분이라 부사가 해석을 망치거나 하지는 않아요. 그래서 당장은 제쳐 놓아도 돼요.

하지만 부사 없이는 또 모든 것이 개운하지가 않아요. 꼭 알아 두어야 할 부분이랍니다.

일단 부사 단어들을 익혀 볼까요? 가장 중요한 건 부사를 많이 써서 부사의 모습들에 익숙해지는 것, 그래서 부사를 부사라고 실시간으로 인식하며 글을 읽을 수 있게 되는 거예요. 그 순간은 생각보다 일찍 찾아온답니다. 열심히 쓰세요.

부사 목록

5번 쓰기

1. 많이 쓰이는 부사

yesterday 어제
today 오늘
tomorrow 내일
now 지금
then 그때, 그다음에, 그러면
later 나중에
tonight 오늘 밤
right now 바로 지금
last night 지난 밤
this morning 오늘 아침

next week 다음 주
already 벌써
recently 최근에
lately 최근에, 얼마 전에
soon 곧
immediately 즉각
still 아직도
yet 아직
ago 전에

here 여기
there 저기
over there 저쪽에
everywhere 모든 곳, 어디나
anywhere 어디에서도
nowhere 아무 데서도 ~ 없다
home 집에
downtown 시내에
away (시간적, 공간적으로) 떨어져
out ~밖으로

very 매우
quite 꽤
pretty 상당히
really 정말로
fast 빨리
well 잘
hard 열심히
quickly 빨리
slowly 천천히
carefully 조심스럽게

never 결코 ~ 않다
hardly 거의 ~않다
barely 간신히, 가까스로
mostly 주로
almost 거의
absolutely 전적으로, 틀림없이
always 늘, 항상

frequently 자주, 흔히
usually 보통, 대개
sometimes 때때로
occasionally 가끔
seldom 좀처럼 ~ 않는
rarely 드물게, 좀처럼 ~ 않는
together 함께
alone 홀로, 외로이

2. 기타 부사

A

abnormally 비정상적으로
absentmindedly 건성으로
accidentally 우연히, 뜻하지 않게
acidly 신랄하게, 매섭게
actually 실제로
adventurously 대담하게, 모험적으로
afterwards 그뒤에, 나중에
almost 거의
angrily 화내어, 성나서
annually 매년
anxiously 근심하여, 걱정스럽게
arrogantly 거만하게
awkwardly 어색하게, 서투르게

B

badly 심하게, 나쁘게
bashfully 부끄럽게
beautifully 아름답게
bitterly 비통하게, 쓰라리게
bleakly 적막하게, 음침하게
blindly 맹목적으로, 앞이 안 보이는 채
blissfully 더없이 행복하게
boastfully 자랑하면서, 허풍 떨면서, 과장되어
boldly 대담하게, 뻔뻔스럽게
bravely 용감하게
briefly 간단하게
brightly 밝게
briskly 활발하게, 씩씩하게
broadly 광범위하게, 대략, 활짝
busily 바쁘게

C

calmly 고요히, 침착하게
carelessly 부주의하게
cautiously 조심스럽게
certainly 확실히
cheerfully 기분 좋게, 쾌활하게
clearly 또렷하게, 분명히
cleverly 영리하게, 빈틈없이
closely 가까이
coaxingly 살살 달래면서
colorfully 울긋불긋하게
commonly 흔히, 보통
continually 계속해서

coolly 쌀쌀맞게, 냉정히, 침착하게, 태연히

correctly 바르게, 정확하게

courageously 용감하게

crossly 가로로, 비스듬히, 거꾸로

cruelly 잔인하게, 지독하게, 몹시

curiously 신기한 듯이, 호기심에서

D

daily 매일

deceivingly 거짓으로, 속여서

deeply 깊이

defiantly 반항적으로, 도전적으로

deliberately 고의로, 계획적으로

delightfully 매우 반갑게, 유쾌하게

diligently 부지런히

dimly 어둑하게, 희미하게

doubtfully 미심쩍게, 불확실하게

dreamily 꿈꾸듯이

E

easily 쉽게

elegantly 우아하게

energetically 정력적으로, 활동적으로

enormously 엄청나게, 대단히

enthusiastically 열광적으로

equally 균등하게

especially 특별히

even ~조차

evenly 고르게, 균등하게

eventually 결국

exactly 정확히

excitedly 흥분하여

extremely 극도로, 극히

F

fairly 상당히, 꽤

faithfully 충실히, 정확히

famously 유명하게

far 멀리

fast 빨리

fatally 치명적으로, 비참하게

ferociously 사납게

fervently 열렬하게, 강렬하게

fiercely 사납게, 맹렬하게, 지독하게

fondly 애정을 듬뿍 담고

foolishly 어리석게도, 바보같이

fortunately 다행스럽게도

frankly 솔직히

frantically 미친 듯이

freely 자유롭게

frenetically 광적으로

frightfully 몹시, 대단히, 무시무시하게

fully 완전히, 충분히

furiously 노하여, 광란하여, 맹렬히

G

generally 일반적으로

generously 아낌없이, 후하게, 관대하게

gently 다정하게, 부드럽게

gladly 기꺼이

gleefully 유쾌하게

gracefully 우아하게

gratefully 감사하여, 기꺼이

greatly 대단히

greedily 욕심내어, 탐욕스럽게

H

happily 행복하게

hastily 급히, 서둘러서

healthily 건강하게, 건전하게

heavily 심하게

helpfully 도움이 되게, 유익하게

helplessly 의지할 데 없이

highly 크게, 대단히, 매우

honestly 솔직히

hopelessly 절망하여

hourly 매시간의

hungrily 주려서, 시장한 듯이, 게걸스럽게

I

immediately 즉시

innocently 천진난만하게

inquisitively 호기심이 많아

instantly 즉시, 즉각

intensely 격하게, 열심히

intently 골똘하게, 여념 없이, 오로지

interestingly 흥미있게, 재미있게

inwardly 마음속으로, 내심, 은밀히

irritably 짜증 내는, 화가 난

J

jaggedly 깔쭉깔쭉하게

jealously 질투하여

joyfully 기쁘게

jovially 유쾌하게, 명랑하게

jubilantly 환희에 넘쳐, 환성을 지르면서

justly 바르게, 정당하게

K

keenly 날카롭게, 예민하게

kindheartedly 친절하게

kindly 친절하게

knavishly 불량배같이, 심술궂게

knowingly (사정 등을) 다 알고도, 고의로

L

lazily 게으르게

less 더 적은, 덜한

lightly 가볍게, 부드럽게

likely ~할 것 같은

limply 유연하게, 흐느적거리면서

lively 활기 넘치는, 적극적인, 의욕적인

loftily 우뚝 솟아, 고상하게

longingly 갈망하여, 열망하여

loosely 느슨하게, 헐겁게

lovingly 애정을 기울여, 친절히

loudly 큰 소리로

loyally 충성스럽게

M

madly 미친 듯이, 마구, 대단히

majestically 당당하게, 장대하게

meaningfully 의미 있게

mechanically 기계적으로

merrily 명랑하게

miserably 비참하게

mockingly 조롱하듯이

monthly 매월의

more 더 많은

mortally 치명적으로

mostly 주로, 일반적으로

mysteriously 신비롭게

N

naturally 물론, 당연히, 자연스럽게

nearly 거의

neatly 깔끔하게

nervously 신경질적으로, 초조하게

never 결코 ~ 않다

nicely 멋지게, 잘

noisily 요란하게, 시끄럽게

O

obediently 고분고분하게, 공손하게

obnoxiously 불쾌하게, 역겹게

oddly 이상하게

offensively 무례하게, 모욕적으로

officially 공식적으로

often 자주

only 유일한, 오직

openly 터놓고, 솔직히

optimistically 낙관적으로, 낙천적으로

P

painfully (골치 아프거나 고통스러울 정도로) 극도로

partially 부분적으로

patiently 끈기 있게, 참을성 있게

perfectly 완전히, 더할 나위 없이

physically 신체적으로, 육체적으로

playfully 희롱조로, 농담으로

politely 공손히, 예의 바르게

poorly 좋지 못하게, 저조하게, 형편없이

positively 긍정적으로

potentially 가능성 있게, 잠재적으로

powerfully 강력하게, 유력하게, 많이

promptly 지체 없이, 즉각적으로

properly 제대로, 적절히

punctually 시간대로, 정각에

Q

quaintly 진기하게, 묘하게

queasily 욕지기나게, 게걸스럽게

queerly 기묘하게

questionably 의심스럽게, 수상하게

questioningly 질문조로, 미심쩍게

quietly 조용히

R

rapidly 빠르게

readily 손쉽게, 순조롭게, 선뜻

reassuringly 안심시키게

recklessly 무모하게, 개의치 않고

regularly 정기적으로, 규칙적으로

reluctantly 마지못해, 싫어하여

repeatedly 반복적으로

reproachfully 비난하여

restfully 편안하게, 휴식이 되게

righteously 옳게, 정의롭게, 정당하게

rightfully 마땅히, 정당하게

rigidly 굳게, 엄격히, 완고하게

roughly 대략, 거의, 거칠게

rudely 무례하게, 예의 없이

S

sadly 슬프게도, 애석하게도, 불행히

safely 안전하게, 무사히

scarcely 거의 ~ 않다, 겨우, 간신히

scarily 무시무시하게, 겁나게

searchingly 엄하게, 신랄하게

sedately 조용히, 침착하게, 차분히

seemingly 외견상으로, 겉보기에는

seldom 좀처럼 ~ 않는

selfishly 이기적으로, 제멋대로

separately 따로따로, 각기, 별도로

seriously 심하게, 진지하게, 진심으로

shakily 떨며, 비틀거리며

sharply 날카롭게, 신랄하게

shrilly 귀가 째지는 듯한 소리로

shyly 수줍게

silently 조용히

sleepily 졸린 듯이

slowly 천천히

smoothly 부드럽게, 순조롭게

softly 부드럽게

solemnly 장엄하게, 진지하게

solidly 튼튼하게, 확고하게

soon 곧

speedily 빨리, 급히, 곧

stealthily 몰래, 은밀히

sternly 엄격하게, 준엄하게

strictly 엄하게, 엄격히

successfully 성공적으로

suddenly 갑자기

surprisingly 놀랍게

suspiciously 미심쩍은 듯이

sweetly 상냥하게, 다정하게

swiftly 신속히, 빨리

sympathetically 동정하여, 공감하여,

T

tenderly 상냥하게, 친절하게

tensely 팽팽히, 긴장하여

terribly 너무, 대단히, 끔찍히

thankfully 고맙게도, 다행스럽게도

thoroughly 대단히, 완전히

thoughtfully 생각이 깊게

tightly 단단히, 꽉

tomorrow 내일
too 역시
tremendously 엄청나게
triumphantly 의기양양하여
truly 정말로, 진심으로
truthfully 진실하게, 참되게

U

ultimately 궁극적으로, 결국
unabashedly 염치없이
unaccountably 설명할 수 없을 정도로, 뚜렷한 이유 없이
unbearably 참을 수 없을 정도로
unethically 비윤리적으로
unexpectedly 뜻밖에, 예상외로
unfortunately 불행하게도
unnaturally 부자연스럽게, 이상하게
unnecessarily 불필요하게, 쓸데없이
utterly 완전히, 순전히
upside-down (아래위가) 거꾸로 (뒤집혀)
upwardly 위쪽을 향해
urgently 급히
usefully 유용하게, 유효하게
uselessly 무익하게, 쓸데없이

V

vacantly 멍하니, 멀거니
vaguely 모호하게, 애매하게, 희미하게
vainly 허사로, 헛되이
valiantly 용감하게
vastly 대단히, 엄청나게
verbally 말로, 구두로
viciously 사악하게, 맹렬하게
victoriously 승리를 거두어, 전승으로
violently 난폭하게, 격렬하게, 맹렬히
vivaciously 활발하게, (식물)다년생으로
voluntarily 자발적으로, 자원해서

W

warmly 따뜻하게, 열심히
weakly 힘없이
wearily 녹초가 되어, 지쳐서
wholly 완전히, 전적으로
wildly 건잡을 수 없이, 미친 듯이
willfully 고의로, 계획적으로
wisely 현명하게, 꾀를 부려
woefully 슬픔에 가득 차서, 비참하게
worriedly 걱정스럽게
wrongly 잘못되게, 부당하게

Y

yearly 1년에 한 번씩 있는, 매년 있는
yesterday 어제
youthfully 팔팔하게, 청년답게

Z

zestfully 풍미가 풍부하게, 열심으로

3 전치사를 먹으면 부사

-ly로 끝나지 않는 부사들 중에서 약간 골치를 썩이는 녀석들이 있어요. 다음 예를 볼까요?

- I'm home.
- I'm at home.

두 문장 중 무엇이 맞을까요? 정답은 '둘 다'랍니다.

해석에 차이가 있을까요? 그렇지 않아요. 해석은 모두 '나는 집에 있다'예요. 그럼 대체 뭐가 다른 걸까요?

일단 둘은 문법상으로 쓰임새가 달라요. 첫 번째 문장의 home은 부사(장소를 나타내는)로 쓰였고, 두 번째 문장의 home은 명사(전치사 뒤에 온)로 쓰였어요.

여러분은 둘 중에 어느 것이 더 편한가요? 아무래도 '~에서'를 뜻하는 at이 들어가 있는 두 번째 문장이 더 편할 거예요.

왜 그럴까요? 우리말은 자잘하게 뭐가 잔뜩 붙어 있는 친절한 언어이기 때문이에요. 반면 영어는 그렇지 않아요. 우리말은 명사 뒤에 '은/는/이/가/에게/을/를' 같은 조사들이 붙지만 영어엔 그런 것들이 없거든요.

■ Tom loves Jane.

우리말로 곧이곧대로 해석해 보면 '톰 사랑한다 제인'이에요. 하지만 우리말로 매끄럽게 해석하기 위해서 동사 앞 주어인 Tom에는 '은'을 붙이고 동사 뒤 목적어인 Jane엔 '을'을 붙여요. 그러면 우리말로는 '톰은 제인을 사랑한다'가 되지요.

영어는 주어와 목적어가 자리로 결정돼요. 다시 한 번 말하지만 영어에서는 자리가 정말 중요해요. 우리말은 주어나 목적어가 자리를 바꾸더라도 조사가 붙어서 따라다니기 때문에 자리가 상관없는 거예요.

우리말은 이렇게 친절해요. 그런데 영어엔 우리말에 있는 것들이 없어서 좀 불친절하게 느껴지곤 한답니다.

아까의 문장에서도 I'm at home은 이해하기 편해요. at이 있어 친절하니까요. 그런데 I'm home은 불편해요. home이 집인 건 알겠는데 '나는 집이다'는 당연히 아닐 테고, '나는 집에 있다' 같은데 도대체 왜 at이 없냐고요!

먹었어요. 먹어서 그래요.

우리말과 비교를 하자면 영어는 뭘 자꾸 먹어 버려요. 위의 Tom은 '은'을 먹어 버렸어요. Jane은 '을'을 먹었다고 생각해 주세요.

명사들은 '은/는/이/가/에게/을/를' 등을 먹고요. 부사들은 주로 전치사를 먹어요. 아까 'I'm home'은 'I'm at home'과 같은데 home이 하나는 명사고 하나는 부사라고 했잖아요. at home에서 home은 당연히 명사에요. 전치사 뒤에는 죽어도 명사가 와야 하니까요. 그런데 I'm home의 home은 전치사 at을 먹어서 부사랍니다. 눈에는 안 보이지만 이렇게 먹은 것들을 토하게(?) 하는 작업이 영어에서는 중요해요.

다른 예를 들어 볼까요?

▪ I'm on my way home.

미국 사람은 많이 쓰지만 우리에겐 좀 생소한 표현이에요. '나는 집에 가는 중이야'라는 뜻인데 직역을 하면 '나는 집으로 가는 나의 길 위에 있어'쯤 되겠네요.

on my way home은 on 뒤에 있으니 전치사구가 분명한데 뒤에 눈에 거슬리는 home은 뭘까요? 얘도 부사예요. 얘는 전치사 to를 먹었답니다. home 앞에 to를 살짝 넣어서 해석해 보세요. 너무 깔끔하지요.

▪ Today I'm busy.
▪ Today is my birthday.

위의 두 문장을 보면 today가 공통적으로 보이지요. 그런데 첫 번째 문장은 '오늘 난 바빠'라는 뜻인데 여기서 today는 부사(때를 나타내는)고요. 두 번째 문장은 '오늘은 내 생일이야'라는 뜻으로 여기서 today는 명사(동사 앞에서 주어로 쓰인)예요.

영어에서 무슨 날을 가리킬 때는 보통 on을 넣어요. on Monday, on Tuesday 하는 식으로요. 그럼 해석하는 우리는 편해요. 같은 원리로, 날을 가리키는 today 앞에도 일률적으로 on을 넣으면 좋겠는데 그렇지가 않네요.

똑같은 단어가 이렇게 명사로 쓰이기도 하고 부사로 쓰이기도 해서 혼란을 불러요. 이런 경우엔 그 앞에 전치사를 살짝 넣어 보는 거예요. 그래서 자연스러워지면 부사로 쓰인 거라고 보셔도 좋아요.

부사의 성질

10번 쓰기

1. 부사는 동사, 형용사, 부사, 문장 전체를 수식한다.
   때, 장소, 이유, 조건, 양보, 목적, 원인, 결과, 정도, 방법 등을 나타낸다.

2. 한 단어가 명사, 부사 두 가지로 쓰이는 경우가 있다.
   명사 해석이 어색하다면 전치사를 넣어 자연스러우면 부사.

   I'm at home.

   여기서 home은 전치사 뒤에 쓰여서 명사.

   I'm home.

   여기서 home은 부사. (at을 넣어 해석하면 자연스러움)

   I'm on my way home.

   여기서 home은 부사. (to를 넣어 해석하면 자연스러움)

   주어나 보어 혹은 목적어로 쓰인 게 아니라서 명사가 아님.

   Today I'm busy.

   여기서 Today는 때를 나타내는 부사.

   I가 주어이므로 Today는 명사가 될 수 없음.

   앞에 on이라는 전치사를 넣어 해석하면 자연스러움.

   Today is my birthday.

   여기서 Today는 명사. 주어 자리에 쓰임

3. 문장의 성분을 이해한다

우리말과 영어의 가장 큰 차이점 중 하나는 어순이에요.

우리말은 어순이 그리 중요하지 않은데 영어는 상당히 중요해요.

Tom loves Jane이라는 문장이 있어요.

이걸 Jane loves Tom으로 바꾸면 어떨까요?

큰일 난답니다. 완전히 다른 문장이 되어 버리기 때문이에요.

제인이 다른 남자를 맘에 두고 있다면

정말 날벼락 같은 소리가 되겠지요.

그래서 영어는 함부로 자리를 바꿀 수가 없어요.

1 영어의 어순에 따라 명사 해석하기

우리말이 비교적 자유롭게 자리를 왔다 갔다 할 수 있는 건 '은/는/이/가/에게/을/를' 같은 조사 덕분이에요. 그런데 영어엔 이런 조사가 없고 자리가 조사의 역할을 한답니다.

예를 들어 볼게요.

'Tom loves Jane'이라는 문장을 해석할 때 우리는 Tom이라는 명사에 '은' 또는 '이'라는 조사를 붙입니다. Jane에는 '을'이라는 조사를 붙이고요. 그래서 '톰은 제인을 사랑한다'라는 우리말 해석이 나오게 되지요.

정리해 보면, 우리말은 주어, 보어, 목적어 등을 나타내는 조사가 있어서 자리가 바뀌어도 뜻에 지장이 생기지 않지만 영어는 조사가 없기 때문에 자리를 딱딱 지켜 주어야 한답니다. 영어는 자리에 따라서 주어냐, 보어냐, 목적어냐가 주로 결정되기 때문이에요.

명사가 가는 자리는 주어, 보어, 목적어로 정해져 있어요. 그리고 전치사 뒤에도 가요. 전치사 뒤로 가면 전치사와 결합해서 뜻이 결정돼요. 주어, 보어, 목적어에 대해서는 '문장의 5형식' 부분에서 더 자세히 살펴보기로 하고 일단 명사에 조사를 붙이는 것부터 연습해 봐요.

① 명사는 주어, 보어, 목적어 자리로 간다.
② 주어는 '은/는/이/가'를 붙여 해석한다.
③ 보어는 딱히 뭘 붙여 해석하지 않아도 된다.
④ 목적어는 '~를(을)' 혹은 '~에게'를 붙여 해석한다.

'This is a book'이라는 문장에서 this와 a book은 명사예요. 우리는 this, is와 a book의 뜻을 알고 있어요. this는 '이것', a book은 '책'이지요. 그런데 해석은 '이것 이다 책'이 아니라 '이것은 책이다'라고 해야 합니다.

명사에는 반드시 주어, 보어, 목적어의 이름을 붙여 주어야 해요. 그 이유는 조사를 붙여서 해석하기 위해서예요. 그래야 영어가 우리말처럼 변해서 이해를 할 수 있으니까요.

This는 주어 자리(동사 앞)에 있으니까 '이것'이라는 뜻에 주어의 조사(주격조사)인 '은'을 붙였어요. 보어는 딱히 뭘 붙여 해석해 주지 않아도 상관없어요. 불완전자동사인 is는 '~이다'라는 뜻이 있으니까 그냥 '책이다'라고 해석하면 돼요. 불완전자동사도 '문장의 5형식' 부분에서 자세히 설명할게요.

또 하나의 예를 들어 볼까요.

'I love this'라는 문장에서 this는 똑같은 '이것'이지만 This is a book과는 달리 '이것을'이라고 해석해야 한답니다. 목적어 자리에 있기 때문이에요. 즉, 동사 뒤에 있는 this는 목적어이므로 목적어의 조사(목적격조사)인 '을'을 붙여서 '나는 이것을 사랑한다'라고 해석을 하는 거지요.

명사를 해석할 때는 이렇듯 자리에 따라 적당한 조사를 붙여 주어야 한답니다.

단어의 뜻을 알아도 해석이 꼬이는 경우는 대개 to부정사, 동명사, 분사가 주요 원인인데 명사도 큰 비중을 차지해요. 위에서는 아주 쉬운 예문들만 제시했지만 실제 문장 안에서는 명사들이 여러 수식하는 것들과 섞여서 뭔가 굉장한 내용인 것처럼 착각하게 만들기도 하거든요. 해석을 하다가 제일 답답한 순간이죠. 이때를 위해 문법이 필요한 것이랍니다.

하지만 명사는 어디에 어떻게 있든 무조건 주어, 보어, 목적어일 수밖에 없어요. to부정사, 동명사, 분사의 정확한 해석은 시간이 좀 걸리지만 명사는 비교적 짧은 시간 안에 해결이 가능해요.

명사의 해석

5번 쓰기

1. 우리말의 명사에는 조사가 붙고 영어의 명사에는 조사가 붙지 않는다. 영어 문장을 제대로 이해하려면 우리말로 잘 바꾸어야 한다. 그게 해석이다. 그러려면 영어의 명사에 조사를 잘 붙여야 한다.

2. 명사는 가는 곳이 일정하다. 주어·보어·목적어 자리 또는 전치사 뒤로 간다. 그래서 명사는 주어냐, 보어냐, 목적어냐를 파악해서 각각의 조사를 붙이면 된다. 이때 전치사 뒤의 명사는 조사를 붙이지 않아도 된다. 명사 앞의 전치사가 조사처럼 해석이 되기 때문이다.

3. 결국 명사는 주어냐, 보어냐, 목적어냐를 결정해야 하는데 위치를 알면 쉽다. 동사 앞에 있으면 주어, 불완전자동사 뒤에 있으면 보어, 불완전자동사가 아닌 동사 뒤에 있는 명사는 무조건 목적어.

4. 주어, 보어, 목적어가 결정 나면 주어는 '은/는/이/가'를 붙여서, 목적어는 '을/를'을 붙여서, 보어는 그대로 해석한다.

2 형용사 해석하기

주어인지 보어인지 목적어인지 일일이 찾아 주어야 하는 명사에 비해 형용사의 해석은 간단해요. 형용사의 임무는 무조건 명사 수식이라서, 어떤 명사를 수식하고 있는지만 찾아내면 딱히 해석이라고 할 것도 없이 이해가 가는 편이에요.

이렇게 쉬운 형용사에도 약간의 걸림돌이 있기는 해요. 형용사가 어느 자리로 가느냐라는 문제가 있어요. 우리말은 형용사의 자리가 무조건 명사의 앞인데 반해서 영어의 형용사는 어떨 땐 앞에서, 또 어떨 땐 뒤에서 명사를 수식해 준답니다.

예를 들어 볼까요?

■ 여기 책이 있어요.

이 문장에서 '책'은 명사예요.

책을 꾸며 볼까요?

■ 오래된 책

'책'은 명사, '오래된'은 형용사예요.

조금 더 꾸밀 수 있어요.

■ 나의 오래된 책

'책'은 명사고 '나의'와 '오래된'은 형용사예요.

이번에 더 길게 꾸며 볼게요.

■ 책상 위의 나의 오래된 책

'책'은 변함없이 명사고요. '책상 위의, 나의, 오래된' 이렇게 3개는 '책'이라는 명사를 꾸며 주는 형용사예요. 이렇게 우리말의 형용사는 무조건 꾸밈을 받는 명사 앞으로만 가게 되어 있어요.

그러나 영어는 좀 달라요. 명사를 꾸며 주는 형용사가 앞으로도 가고, 뒤로도 간답니다.

■ old book

book은 명사, old는 형용사예요.

old가 앞에서 book을 꾸미고 있네요.

■ my old book

book은 명사고 my, old는 형용사예요.

역시 앞에서 꾸미고 있어요.

■ my old book on the desk

book은 명사고 my, old는 형용사예요. 새롭게 나타난 on the desk도 형용사랍니다. 같은 형용사인데 my와 old는 book 앞으로 갔고 on the desk는 뒤로 갔어요.

왜 그럴까요?

영어의 형용사는 크게 세 가지로 나눌 수 있어요.

1. 단어로 된 형용사

2. 구로 된 형용사

3. 절로 된 형용사

단어로 된 형용사는 명사 앞에서 수식하고요. 구나 절은 명사 뒤에서 수식해요. my와 old는 둘 다 단어니까 book이라는 명사 앞에서 수식을 한 거고, on the desk는 두 개 이상의 단어로 이루어진 구이기 때문에 뒤에서 수식한 거예요.

형용사가 명사를 수식하는 방법은 한정적 용법, 서술적 용법 2가지가 있어요. 한정적 용법은 '~한, ~인'으로, 서술적 용법은 '~하다'로 해석해요.

예를 들어 '예쁜 아이'에서 '예쁜'은 한정적 용법이에요. 영어로 하면 'cute baby'에서 cute가 한정적 용법인 거예요. '아이는 예쁘다'에서 '예쁘다'는 서술적 용법이에요. 영어로 하면 'The baby is cute'가 돼요. 동일한 형용사 cute지만 서술적 용법이 됐어요. be동사 뒤에 나오는 형용사는 모두 서술적 용법으로 쓰인 것이랍니다.

형용사의 해석

10번 쓰기

1. 형용사는 명사를 수식한다.

2. 형용사에는 한정적 용법, 서술적 용법이 있다.

3. '~한, ~인'으로 해석하면 한정적 용법,
   ' ~하다'이면 서술적 용법.

4. 한정적 용법으로 쓰일 때 한국어 형용사는
   무조건 앞에서 명사를 수식하지만 영어 형용사는 단어, 구, 절로 나누어
   단어는 앞에서 수식하고 구나 절은 뒤에서 수식한다.

예) **Old book.**

My old book on the desk.

3 기본 문법 용어

프랑스에 가서 파울로 코엘료를 만났어요. 유명하다기에 별 생각 없이 읽은 『연금술사』는 얼떨떨할 만큼 마음을 빼앗긴 책이었지요. 책을 다 읽고는 뛰는 가슴을 어쩔 줄 모르겠어서 그 책을 끌어안고 한동안 가만히 있었답니다. 뭐라고 말을 할 수 있을까요. 그냥 자자손손 명작으로 길이길이 남겠구나, 대번에 알 수 있었죠. 그러고서 그의 다른 책들도 싹 읽어 버렸어요.

그는 브라질 사람이라 포르투갈어를 써요. 그래서 비슷하다 싶은 스페인어로도 열심히 읽었어요. 공부다 생각하고 읽었답니다.

『연금술사』는 이렇게 시작해요. 넓은 세상을 꿈꾸던 주인공이 신부 되는 것을 그만두고 양치기가 된답니다. 어느 날 양들을 데리고 낡은 교회에서 잠을 자게 되고, 어떤 아이가 자신을 이집트 피라미드로 데려가서 거기에 보물이 있다고 알려 주는 꿈을 반복해서 꾸게 돼요. 어찌어찌해서 이집트로 보물을 찾아 떠나는데 우여곡절을 겪는 동안 그는 많은 성장을 하게 되고, 마침내 보물을 찾게 되지요.

읽어 본 분들이 많겠지만 정말 명작이에요. 아직 안 읽었다면 나중에 영어로 읽어 보면 어떨까요? 그 책은 작가가 되고 싶다는 저의 열망에 다시 한 번 불을 지폈지만, 한편으로는 이런 천재들과 동업자(?)가 되어 과연 행복할 수 있을까 하는 자괴감에 빠트리기도 했어요. 수미쌍관법이 완벽하게 적용된 이런 작품을 다시 만날 수 있을까 싶어요. 책 곳곳의 주옥같은 표현들을 읽고 외우고 쓰면서 행복했던 그 시절의 기억이 다시 저를 설레게 하네요.

문법 공부 또한 주인공이 보물을 찾는 과정과 닮은 구석이 있어요. 먼 길을 돌아 돌아 결국 찾아낸 영어 문법의 진리는 전혀 거창하지도, 낯설지도 않았거든요. 게다가 아주 가까이에 있어요. 귀에 익은 명사, 형용사, 부사, 주어, 보어, 목적어, 단어, 구, 절……. 바로 그게 문법의 보물이랍니다.

원칙적으로 영어 문장의 해석은 간단해요. 모든 영어 문장을 단어, 구, 절로 나누고 각각 명사, 형용사, 부사의 이름을 주어 구분하면 그게 해석의 전부예요.

'그렇다면 동사는?'이라는 의문을 가질 수 있을 거예요. 하지만 동사는 다른 차원(?)의 것이에요. 시제 공식을 마르고 닳도록 썼으니까 문장에서 동사를 확연히 구별할 수 있을 거예요.

1. 모든 영어 문장을 단어, 구, 절로 구분하여
   명사, 형용사, 부사의 이름을 준다.
2. 전치사구는 버린다.

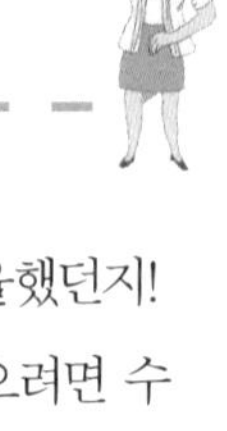

이런 구체적이고 간단한 법칙이 있다는 걸 알고는 어찌나 전율했던지! 정말 온 세상에 외치고 싶어요. 하지만 이 명쾌한 결론을 얻으려면 수

없이 많은 반복이 필요해요. 아무리 해석 방법이 간단해도 많은 문장을 통한 반복이 없으면 아무 소용 없어요. 저는 수많은 반복을 통해 이 원칙을 알아냈지만, 여러분은 이 원칙을 통해 수많은 문장을 보게 될 거예요. 그게 훨씬 더 효율적이겠지요?

문법 용어를 쓰려고 해요. '다 아는 걸 새삼스럽게'라고 생각하지 말고 다시 한 번 음미하면서 꼭! 써 주세요. 한글을 쓰는데 영어가 늘게 되는 신기한 경험을 하게 될 거예요. 이제 5형식, to부정사, 동명사, 분사만 더 익히면 영어 문법은 끝이에요.

■ 명사

명사는 찾기 쉬워요. 딱 떨어지기 때문에 이게 명사 맞나 하는 고민은 필요 없어요. '영어, 공부, 운동장, 노래, 숙제, 먹기, 자기, 사랑하기' 등등 이름을 붙여 부를 수 있는 모든 것들은 다 명사로 표현한답니다.

■ 형용사

형용사는 한정적 용법, 서술적 용법 2가지가 있어요. 기억하죠? 한정적 용법의 해석은 '~한, ~인'이고 서술적 용법은 '~하다'랍니다.

명사의 바로 앞이나 뒤에 붙어 명사를 수식하는 것은 한정적 용법의 형용사이고 be동사 뒤에 쓰여 주어인 명사를 수식하는 것은 서술적 용법의 형용사지요.

■ 부사

명사, 형용사, 부사를 찾아서 이름을 붙여 주는 일은 영어에서 중요한 포인트예요. 그런데 부사를 찾는 일이 항상 발목을 잡아요. 부사는 종류가 너무 많거든요. 형용사는 명사만 수식하지만 부사는 동사, 형용사, 부사를 수식하고 심지어 문장 전체도 수식해요. 게다가 해석도 다양해요. 때, 장소, 목적, 원인, 결과, 정도, 방법 등을 부사로 나타낼 수 있어요.

그동안 공부한 가락(?)으로 문장에서 시제의 이름을 구분해 놓고 나면 명사, 형용사, 부사의 이름을 주는 일이 남아요. 명사와 형용사는 위치와 하는 일이 딱 정해져 있어서 비교적 찾기 쉽지만 부사는 수식하는 것도 많고 자유롭게 왔다 갔다(?) 할 수 있어서 찾기가 어렵죠. 부사에 이름을 확실히 주기 위해서는 명사와 형용사에 이름을 주면 돼요.

통에 명사, 형용사, 부사가 들어 있어요. 여기서 명사, 형용사를 빼면 뭐가 남을까요? 보나마나 부사겠지요.

기본 문법 용어

20번 쓰기

1. 명사 : 이름을 가진 모든 것들
 - 주어, 보어, 목적어 자리에 간다.

2. 형용사 : 명사 수식 (한정적 용법, 서술적 용법)

3. 부사 : 동사가 아니면서 명사나 형용사가 아니면 다 모두 다 부사
 ①동사, 형용사, 부사, 문장 전체를 수식한다.
 ②때, 장소, 목적, 원인, 결과, 정도, 방법 등등

4. 주어 : 동사의 주체로 동사 앞에 쓰임 (명사)

5. 보어 : 불완전동사 뒤에 위치 (명사, 형용사)

6. 목적어 : 동사가 나타내는 행위의 대상 (명사)

7. 단어 : 띄어쓰기의 단위

8. 구 : 2개 이상의 단어가 묶여서 하나의 의미를 만드는 것.

9. 절 : 주어, 동사를 최소한 하나씩 가진 단위.

4. 문장의 5형식을 파악한다

악당들 중에 가끔 벼락 맞지 않고 천수를 누리는 사람이 있듯이, 5형식도 100퍼센트 정확하게 들어맞지는 않아요. 그러나 착한 사람이 복 받고 나쁜 사람이 벌 받는 게 원칙인 것처럼, 약간의 문제는 있지만 그래도 5형식의 원칙이 영어의 기본을 잡아 줄 거예요.
5형식을 믿어 보세요. 문법의 모든 문제는 웬만하면 5형식으로 해결된답니다.

1 5형식의 기본 해석

프랑스에 살던 시절 4박 5일 정도로 유럽 여행을 한 적이 있어요. 한국에서 온 가족들과 함께 렌터카를 타고 이태리, 스위스, 독일, 모나코를 돌았어요. 유럽은 웬만하면 다 멋있지만 우리가 다닌 곳은 특히 유명한 여행지들이라 더욱 아름다웠지요.

감정 표현이 유별난 저는 "꺄악!"만 수십 번을 외치며 한 이틀은 정신이 없었어요. 가져간 밥과 반찬들을 길에서 먹는 재미도 쏠쏠했어요. 그런데 3일쯤 지나자 가져간 먹거리가 다 떨어졌어요. 막판엔 속이 니글거려서 정말 죽겠더라고요. 한국 음식을 못 먹으니 온몸에 있는 기운이 단체로 가출을 했어요. 하늘은 더 이상 파랗지 않았어요. 뿌옜어요.

많이도 필요 없고 깍두기 딱 한 쪽만! 아니면 식초 듬뿍 뿌린 단무지 한 쪽이라도! 금강산도 식후경이라던 조상님들의 말씀에 다시 한번 고개를 끄덕이며 집에 돌아가는 순간만을 학수고대했어요. 경치고 나발이고 집에 빨리 돌아가 냉장고 문을 활짝 열고 김치를 맘껏 먹고 싶었어요.

돌아오는 길에 니스에서 어렵사리 중국집을 찾았어요. 뭐 맵고 뜨거운 국물 없느냐고 우리가 단체로 물었더니 비슷한 거 있다면서 스프를 하나 추천해 주더라고요. 중국식 볶음밥과 함께 먹었던 그 스프는 정말 최고였어요. 국물은 입에 짝 붙게 걸쭉했고, 빨강에 가까운 색깔은 김치

금단현상을 보이던 저에게 심적 평화를 선사했으며, 시큼하면서도 맵싸한 그 맛은 잠시 김치찌개와 비슷하다는 착각마저 들게 했어요. 그 스프는 나중에 알고 보니 'Hot and Sour Soup'였어요.

제대로 먹고 나서 제대로 보니 니스는 정말 아름답더군요. 그곳의 바다는 지금껏 세상에서 만난 바다들 중 가장 선명하고 아름다운 파란색이었어요. Hot and Sour Soup를 먹기 전에 보았다면, 아직도 제 기억 속의 니스 바다에는 김치 쪼가리가 둥둥 떠다녔을 거예요.

이젠 더 이상 장거리 여행이 두렵지 않아요. 나름대로 연륜이 쌓여 뭘 가져가야 하는지도 대충 알았고요. 무엇보다 이제는 중국 식당, 베트남 식당 등에서 뭘 찾아 먹으면 니글거리는 속을 풀 수 있는지 알고 있거든요. 외국에 살면서 고향 땅의 익숙한 것들만 그리며 눈물지으면 타향이 지옥이 되어 버린다는 것도 알게 되었어요. 똑같은 건 절대 없어요. Hot and Sour Soup에도 김치찌개와 비슷한 느낌이 있다는 걸 알고 즐길 줄 알아야 삶이 덜 고통스럽지요.

해석도 마찬가지랍니다. 모든 해석이 딱 들어맞는 기분, 돼지 목살에 잘 익은 김치 송송 썰어 넣고 팔팔 끓인 뜨거운 김치찌개 한 그릇 먹은 것 같은 개운하고 만족스러운 기분은 포기하셔야 해요. 개운한 해석은 대부분 불가능해요. Hot and Sour Soup로 만족하는 법을 배워야 해요.

문장의 5형식도 Hot and Sour Soup 같아요. 영어에 딱 들어맞는 해석은 우리말에 없어요. 그러나 Hot and Sour Soup와 완전히 똑같은 김치찌개 찾는 일을 포기하면 새로운 세상이 열려요. 그 세상도 살 만해요.

'니 나 좋아하나?'라는 한국말을 영어로 어떻게 바꿀까요? 'Do you love me?' 뭔가 좀 부족하지 않나요? 그런데 딱 맞는 영어가 없어요.

그래서 언어는 느낌이에요. 언어는 반복을 통해 스스로 느끼는 수밖에 없어요. 문법은 그 지겨울 수도 있는 반복을 덜 지겹게 만들어 주고

엉성해지기 쉬운 집을 튼튼하고 빈틈없는 집으로 만들어 줘요.

그러니 문장의 5형식 기본 해석 원칙부터 보도록 해요.

1형식 주어 + 완전자동사

해석 : 주어가 동사한다.
예) I go. 나는 간다.

2형식 주어 + 불완전자동사 + 주격보어

해석 : ① 주어가 주격보어이다.
예) I am Tom. 나는 톰이다.
② 주어가 주격보어하다.
예) I am happy. 나는 행복하다.

3형식 주어 + 완전타동사 + 직접목적어

해석 : 주어가 직접목적어를 동사한다.
예) I love you. 나는 너를 사랑한다.

4형식 주어 + 수여동사 + 간접목적어 + 직접목적어

해석 : 주어가 간접목적어에게 직접목적어를 수여한다.
예) I give Tom a book. 나는 톰에게 책을 준다.

5형식 주어 + 불완전타동사 + 목적어 + 목적격보어

문장의 5형식 중에서 5형식의 해석은 한마디로 정의할 수가 없어요. 별도의 부분에서 차근차근 살펴봐야 해요.

5형식의 기본 해석 공식

30번 쓰기

1형식 주어 + 완전자동사

2형식 주어 + 불완전자동사 + 주격보어

3형식 주어 + 완전타동사 + 직접목적어

4형식 주어+ 수여동사 + 간접목적어 + 직접목적어

5형식 주어 + 불완전타동사 + 목적어 + 목적격보어

1. 주어 자리엔 명사가 간다.
2. 보어 자리엔 명사, 형용사가 간다.
3. 목적어 자리엔 명사가 간다.
4. 주어 뒤의 동사는 시제 변화를 한다.

2 불완전자동사와 주격보어

미국에 와서 공부하는 한국 아이들이 미국 학교에서 문법을 배우면서 가장 많이 하는 질문 중 하나는 "linking verb가 뭐예요?"랍니다. '불완전자동사'라고 말해 줘도 고개를 갸웃하는 경우가 대부분이에요. 불완전자동사에 대한 개념이 잡혀 있지 않고, 설령 개념을 알고 있다고 해도 영어의 linking verb라는 말과 연결이 잘 안 되기 때문이지요.

불완전자동사와 linking verb는 같은 말인데, 어째서 이렇게 상관없어 보이는 걸까요? 다 그럴 만한 이유가 있어요.

저는 중학교 들어가기 전 기억법 학원에 다닐 때 영문법을 기억법으로 배웠어요. 거기서는 2형식을 이렇게 외우라고 하더군요.

주어가 불완전해서 보약을 먹어야 한다.

시키는 대로 했더니 주어 + 불완전자동사 + 주격보어라는 2형식이 금세 외워졌어요. 결국 2형식은 불완전자동사를 보어가 보약처럼 보충해 주는 거죠.

어떤 사람이 "I run"이라고 말했어요. 그럼 우리는 응, 그렇구나 하고 그 말을 알아들어요.

그런데 어떤 사람이 "I am"이라고 하면 기다려요. 말이 아직 끝나지 않았거든요. "I am Tom"이든 "I am happy"든 뭔가를 덧붙여 주어야 해요.

어떤 사람이 "She is"라고 말했어도 우린 기다려요. 이것도 말이 안 끝났거든요. "She is Jane"이든 "She is beautiful"이든 뭔가 보충이 필요하답니다.

그러니까, run은 말을 끝낼 수 있는데 am이나 is는 말을 끝낼 수가 없군요! run은 완전한 동사구요, am이나 is 같은 be동사는 불완전동사랍니다. run은 그 자체로 뜻이 형성되지만 be동사는 뒤에 오는 보약(보어)이 있어야 제대로 된 뜻을 가질 수 있어요.

I am만으로 끝날 때도 있기는 해요. 상대의 질문에 대답하는 경우인데, 이것도 사실은 보어를 생략하고 말하는 거라 엄밀한 의미에서는 다 말한 게 아니에요. 이를테면 "Are you hungry?"라는 질문에 "Yes, I am (hungry)"이라고 대답하는 경우죠.

동사

완전동사 : 보어가 필요 없는 동사
— 완전자동사 : 목적어를 취하지 않는 완전동사
— 완전타동사 : 목적어를 취하는 완전동사

불완전동사 : 보어가 필요한 동사
— 불완전자동사 : 목적어 없이 주격보어만 취하는 불완전동사 (=linking verb)
— 불완전타동사 : 목적어와 목적격보어를 취하는 불완전동사

우리의 문법에서는 이렇게 be동사를 '불완전해서 보어가 필요하다'는 개념으로 보지만 미국 사람들은 '주어와 보어를 be동사가 연결해 준다'라는 개념으로 본답니다. I am Tom에서 I와 Tom은 동격으로서, am이

딱히 어떤 뜻을 가진다기보다는 둘을 연결(link)해 주는 역할을 한다고 보는 거지요.

불완전자동사와 linking verb는 문장 속에서의 역할은 똑같은데 어떻게 설명을 하느냐에 따라서 전혀 다른 느낌의 문법 용어가 붙게 된 거예요.

이름이 어찌 되었든 불완전자동사 혹은 linking verb는 영어 문법에서 대단히 큰 역할을 해요. SAT 같은 시험에도 자주 나와요. 해석을 할 때도 반드시 다른 동사와 분리하여 해석할 필요가 있어요. 아주 중요한 동사니까 꼭 기억해 주세요.

2형식과 불완전자동사

15번 쓰기

1. 2형식 : 주어 + 불완전자동사 + 주격보어

2. 불완전자동사는 보어를 필요로 한다.

3. 완전자동사는 보어를 필요로 하지 않는다.

4. 불완전자동사들 중에서도 be동사 (am, are, is)는 가장 중요한 역할을 한다.

5. 불완전자동사는 linking verb라고도 부른다.

6. 불완전자동사 몇 가지
   : be동사, become, seem, feel, look, smell, taste, sound, get
   (완전으로도 쓰이지만 불완전으로 자주 쓰임)

3 자동사와 타동사

동사의 이름에서 완전과 불완전이 의미하는 것이 무엇인지 확실히 알아 두었나요? 다시 한 번 복습해 보면 동사 자체로 의미가 형성이 되어 보어가 필요 없으면 완전이고, 동사 자체로는 뜻을 완전하게 형성하지 못하여 보어를 필요로 하면 불완전이에요.

이제 자동사와 타동사를 구별해 볼까요? 자동사는 목적어가 필요 없고 타동사는 목적어를 필요로 해요. 여기서 목적어는 '~을/를'에 해당되는 부분이에요.

동사가 의미하는 동작이나 작용이 주어에만 미치기 때문에 목적어가 필요 없는 동사를 자동사라고 하고, 동작이나 작용의 대상인 목적어가 별도로 필요한 동사를 타동사라고 하는 거예요.

문장으로 살펴볼까요?

■ I go to school.

go 뒤의 to school은 전치사+명사의 형태로 전치사구예요. 동사 이름을 부르는 데 전치사구는 아무런 영향을 주지 않아요. 결과적으로 뒤에 '~을/를'에 해당하는 목적어가 없는 거예요. 그래서 go는 자동사예요.

■ I love you.

love 뒤에 있는 you는 '너를'이라는 뜻의 목적어예요. 목적어를 가진 love는 타동사예요.

그러니까 동사의 이름은 그 뒤에 무엇이 오느냐에 따라서 정해져요.

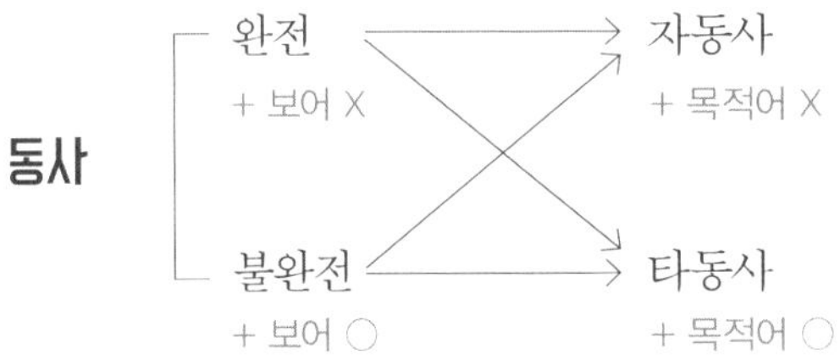

자, 이제 문장의 5형식에는 어떤 동사가 쓰이는지 들여다볼까요?

1형식 주어 + 완전자동사

동사 뒤에 보어가 없으니 일단 완전,
목적어도 없으니 자동사. 그래서 완전자동사.

2형식 주어 + 불완전자동사 + 주격보어

동사 뒤에 보어가 있으니 불완전,
목적어가 없으니 자동사. 그래서 불완전자동사.

3형식 주어 + 완전타동사 + 직접목적어

동사 뒤에 보어가 없으니 완전,
목적어가 있으니 타동사. 그래서 완전타동사.

4형식 주어 + 수여동사 + 간접목적어 + 직접목적어

4형식은 '~에게 ~를'로 해석되기 때문에
4형식 동사는 특별히 수여동사라고 부름.

5형식 주어 + 불완전타동사 + 목적어 + 목적격보어

동사 뒤에 보어가 있으니 불완전,
목적어도 있으니 타동사. 그래서 불완전타동사.

정리가 좀 됐나요? 이쯤에서 문장의 5형식 기본 용어를 다시 한 번 정리하도록 해요.

① 주어는 '~은/는/이/가'의 뜻을 가지며 동사의 행동 주체예요.
② 동사는 행위, 상태 등을 나타내고 보어와 목적어 여부에 따라 완전, 불완전, 자동사, 타동사로 나눠요.
③ 보어는 크게 주격보어와 목적격보어로 나눠요. 주격보어는 주어를, 목적격보어는 목적어를 보충해요.
④ 목적어에는 간접목적어와 직접목적어가 있어요. 간접목적어는 '~에게', 직접목적어는 '~을/를'이라는 뜻을 가져요.

문장의 5형식을 정확하게 정리해 놓으면 외우기도 쉬울 뿐 아니라 나중에 문장 해석을 하거나 작문을 할 때도 마음이 편안해요. 문장의 5형식이라는 도구를 가지고 문법을 보는 사람과 그냥 느낌으로 문법을 보는 사람의 차이는 망치 들고 못질하는 사람과 돌멩이 들고 못질하는 사

람의 차이, 설계도 들고 집 짓는 사람과 감으로 집 짓는 사람의 차이예요.

돌멩이로도 못은 박혀요. 하지만 손이 금방 아프고, 많은 못을 박지도 못하겠지요.

설계도 없이도 집을 지을 수는 있어요. 그런데 큰 집은 지을 수 없어요. 감으로 짓는 집이 크면 얼마나 크고 튼튼하면 또 얼마나 튼튼할까요. 잘못하면 나중에 와르르 무너져 버릴 수도 있어요.

조금 귀찮게 느껴지더라도 문법 용어에 익숙해져야 해요. 많지 않아요, 절대로! 대신에 많은 반복이 필요해요. 문법 용어를 통해서 영어에 접근하면 난장판이던 집이 정리정돈 잘된 집으로, 허름한 집이 태풍이 불어닥쳐도 끄떡없는 튼튼한 집으로 바뀌게 된답니다.

10번 쓰기

동사의 이름과 5형식

1. 동사의 이름은 그 뒤에 무엇이 오느냐에 따라 정해짐.

뒤에 보어가 오면 **불완전**

뒤에 보어가 없으면 **완전**

뒤에 목적어가 있으면 **타동사**

뒤에 목적어가 없으면 **자동사**

2. 기본 5형식

1형식 **주어 + 완전자동사**

동사 뒤에 보어가 없으니 완전,

목적어도 없으니 자동사 ···› 완전자동사

2형식 **주어 + 불완전자동사 + 주격보어**

동사 뒤에 보어가 있으니 불완전,

목적어가 없으니 자동사 ···› 불완전자동사

3형식 **주어 + 완전타동사 + 직접목적어**

보어가 없으니 완전,

목적어가 있으니 타동사 ···› 완전타동사

4형식 **주어 + 수여동사 + 간접목적어(~에게) + 직접목적어(~을)**

4형식 동사는 해석이 '~에게 ~을'이라 특별히 수여동사라고 부름.

5형식 **주어 + 불완전타동사 + 목적어 + 목적격보어**

보어가 있으니 불완전,

목적어도 있으니 타동사 ···› 불완전타동사

3. 기본 5형식의 용어

주어는 동사의 주체로 '~은/는/이/가'를 붙여 해석.

동사는 주어의 행위, 상태 등을 나타냄.

보어는 주격보어, 목적격보어로 나뉨. 주격보어는 주어를 보충하고, 목적격보어는 목적어를 보충한다.

목적어는 간접목적어, 직접목적어로 나뉨.
간접목적어에는 '~에게'가 붙고 직접목적어에는 '~을'이 붙는다.

4 2형식과 5형식을 위한 불완전자동사

문장의 5형식을 사랑해요. 문장의 5형식 해석 방법만 정리해 놓으면 영어 세상이 너무 간단해요. 단, 완벽하게 다 해석하겠다는 욕심은 버리고요. 영어 공부에는 할 것도 태산인데 복잡하기까지 하면 다 못 해요. 복잡한 건 필요 없어요. 간단한 게 최고예요. 문장의 5형식은 간단의 최고봉이에요.

문장의 5형식 중에서 특히 1, 3, 4형식은 구별하기가 정말 쉬워요. 한 번 볼까요.

영어 문장을 해석할 때 제일 먼저 해야 할 일이 뭘까요? 네, 맞아요. 전치사구와 부사를 빼고 보는 거예요. 전치사구와 부사를 뺐더니 주어와 동사만 달랑 남으면? 바로 1형식이에요.

전치사구와 부사를 뺐는데 주어, 동사 뒤에 명사가 보이네요. 그런데 동사의 뜻을 찾았더니 불완전자동사가 아니라면? 그러면 3형식이에요.

전치사구와 부사를 뺐는데 주어, 동사 뒤에 명사 2개가 나란히 나오면 두말할 것 없이 4형식이에요.

문장의 5형식으로 영어 문장을 분석하는 훈련을 하다 보면 어려운 문장이 어려운 문장인 줄 모르고 지나가게 되는 환상적인 순간을 만나게 될 거예요.

어렵게 느껴지며 도통 안 된다고 느껴지는 해석의 대부분이 의외로 문장의 5형식 개념만으로 풀리는 경우가 아주 많거든요. 문장의 5형식이 배우기 무척 까다롭다거나 많은 양을 암기해야 한다거나 하면 모를까, 대단히 간단하고 쉬운데 문장의 5형식을 버릴 이유가 없지요. 당연히 기본 5형식을 공부해야지요.

1, 3, 4형식은 쉽지만 2형식과 5형식은 찾아내기가 좀 어려워 보이는 건 사실이에요. 하지만 어렵지는 않아요. 생각을 좀 할 필요가 있을 뿐이에요.

5형식은 생각을 좀 더 많이 해 봐야 해요. 절대 어렵다는 건 아니고 한국어를 쓰는 우리들에게 제일 생소한 형식이거든요. 5형식은 나중에 생각해 보기로 하고 2형식을 먼저 볼까요?

2형식도 약간의 주의가 필요해요. 뭔가 외워야 할 것들이 좀 필요한 게 5형식이라면 2형식은 불완전동사에 대한 이해와 주격보어와의 관계만 이해하면 끝이에요.

불완전자동사는 완전하지 못해서 보어를 반드시 필요로 해요. be동사가 대표적이라는 건 알고 있을 거예요.

I am만으로는 완전한 문장이 안 되고 am 뒤에 주격보어인 Tom을 집어넣어야 I am Tom이라는 의미 있는 문장이 완성된다는 것도 이미 알고 있죠?

그런데 불완전자동사에는 be동사 말고도 여러 가지가 있어요. 다들 뒤에 뭐가 와야만 문장이 완성되는 동사들이죠.

불완전자동사의 이해는 정말 중요해요. 문장의 5형식을 자유자재로 쓰기 위해서죠. 불완전자동사에는 무엇이 있는지 외워 볼까요?

be동사 ~이다, ~하다
become ~(해)지다, ~이 되다
seem ~처럼(~하게) 보이다
feel ~처럼(~하게) 느끼다
look ~처럼(~하게) 보이다
smell ~처럼(~하게) 냄새나다
taste ~처럼(~하게) 맛이 나다
sound ~처럼(~하게) 들리다
get (어떤 상태가) 되다

불완전자동사 중에서 seem, feel, look, smell, taste, sound는 다 느낌, 감각에 관련되어 있어요. 뭔가 비슷하다는 느낌이 오죠? 감각동사는 대부분 불완전자동사예요.

쉽다고 그냥 넘겨 버리면 문법을 정복할 수 없어요. 무수한 반복과 되새김을 하지 않으면 나중에 실체를 알 수 없는 괴물이 돼 버린 문법을 만나게 될 거예요.

그런 의미에서 불완전자동사는 천 번을 되새김질해도 부족한 개념이랍니다. 되새기고 또 되새겨 주세요. 특히 한국 사람들에겐 생소한 개념이기 때문에 몇 번이고 살펴봐야 해요.

문장의 5형식 구분하는 법

15번 쓰기

1형식 전치사구, 부사 빼고 주어+동사의 형식

2형식 일단 불완전자동사를 외워서 해결한다.
불완전자동사가 보이면 2형식.
예) be동사, become, seem, feel, look, smell, taste, sound, get

3형식 전치사구, 부사 빼고 '주어+동사+명사 하나'의 형식.
이때 명사는 직접목적어이며 '~을' 붙여 해석.

4형식 전치사구, 부사 빼고 '주어+동사+명사 둘'의 형식.
이때 명사는 간접목적어 '~에게',
직접목적어 '~을' 순서대로 해석.

5형식 주어 + 불완전타동사 + 목적어 + 목적격보어

5 be동사의 이해

be동사도 가끔 두렵다고 하는 사람들이 있어요. 자주 만나고 흔해서 잘 알고 있는 듯 착각하기 쉽지만 영 개운하지가 않고, 죽어도 손에 잡히질 않을 것 같은 위엄(?)을 가지고 있기는 해요. be동사가 뭐냐고 물어보면 명쾌하게 설명할 수 있는 사람이 많지 않을 거예요. 그러니 한번에 몰아서 들여다볼 필요가 있어요.

그깟 be동사가 대수인가요? 뭔지 모르지만 be동사가 영 찝찝하다면 be동사를 한번 끝장내 볼까요?

일단 be동사는 생긴 모양이 너무나도 다양해요. 정리해 볼까요?

동사원형 be

현재형	과거형	to부정사	동명사	현재분사	과거분사
am are/is	was were	to be	being	being	been

to부정사, 동명사, 현재분사, 과거분사가 뭔지는 나중에 살펴보기로 하

고 일단 모양은 다 익숙할 거예요. be동사는 약방의 감초 수준으로 쓰이는 터라 여기저기서 많이 봤을 테니까요. be동사 없는 영어는 앙꼬 없는 찐빵이에요.

be동사는 크게 3가지의 뜻을 가지고 있어요. '~이다, ~하다, 있다'가 기본이지요. 그리고 기본적으로 불완전자동사이지만 완전자동사로도 쓰여요. 딱 하나로만 쓰이면 얼마나 좋을까요. 그러나 제가 여러분들의 편의(?)를 위하여 문법을 뜯어고칠 수도 없는 노릇이니 적응해 볼까요?

불완전자동사는 뒤에 보어가 필요해요. 보어 자리에는 명사, 형용사가 올 수 있지요.

■ I am Tom. 나는 톰이다.

I는 주어, am은 불완전자동사랍니다. Tom은 보어 자리에 온 명사예요. 이렇게 보어에 명사가 오면 불완전자동사 am은 '~이다'라고 해석해요.

■ I am happy. 나는 행복하다.

I는 주어, am은 불완전자동사예요. happy는 보어 자리에 온 형용사예요. 보어에 형용사가 오면 불완전자동사 am은 '~하다'로 해석해요.

너무 쉽다고요? 막상 길고 복잡한 문장에서는 헷갈릴 수도 있어요. 뒤에 오는 단어만 달라질 뿐 불완전자동사로 쓰인 be동사는 이렇게 '~이다', 혹은 '~하다'로 해석하시면 된답니다. 즉, be동사 뒤에 명사가 오면 '~이다', be동사 뒤에 형용사가 오면 '~하다'로 하는 거예요.

그런데! '~이다'나 '~하다'로 해석이 안 되는 경우가 있어요.

■ I am in the garden. 나는 정원에 있다.

이 문장에서 am을 '~이다', 혹은 '~하다'로 해석하면 웃겨요. 이럴 땐 '있다'로 해석하면 돼요. in the garden은 전치사구예요. 전치사구는 빼놓고 보자고 했던 거 기억하나요? in the garden을 버리면 I am만 남겠지요? I는 주어, am은 동사. 그래서 이 문장은 주어 + 동사의 1형식 문장이 되는 거랍니다. 뒤에 목적어도 보어도 없으니 여기서 be동사는 완전자동사가 되는 거예요.

이렇게 be동사는 불완전자동사로도 완전자동사로로 쓰여요. 구별하는 방법은 간단해요. be동사 뒤에 명사나 형용사가 오면 불완전자동사고, be동사 뒤에 명사나 형용사가 없으면 완전자동사예요. 불완전자동사면 '~이다(명사일 경우), ~하다(형용사일 경우)'로 해석하면 되고 완전자동사면 '있다'로 해석하면 자연스러워요.

be동사는 수많은 모양을 가지고 있어 복잡해 보이지만 모양 자체는 해석에 영향을 미치지 않아요. am이건 been이건 to be이건 상관없어요, 뜻 자체는 '~이다, ~하다, 있다'의 범주에서 움직여요. be동사의 다양한 모양은 시제나 둔갑을 결정하는 데 쓰인답니다.

■ I am Tom. 나는 톰이다.

am은 '~이다'라는 뜻의 불완전자동사지만 현재시제를 나타내기도 해요.

■ I have been there. 나는 거기에 있었다.

been은 '있다'라는 뜻이 되겠지요. there은 부사니까 I는 주어, have been은 동사(시제). 그런데 뒤에 명사나 형용사가 없으니 완전자동사겠지요? be동사의 모양이 been이 된 건 have been이라는 현재완료 시제를 만들기 위해서예요. 절대 뜻 자체가 달라지는 건 아니에요.

다음 문장을 볼까요?

■ You have been speaking. 너는 계속 말하는 중이다.

시제는 have been speaking이에요. 여기에 쓰인 been은 뜻이 없어요. 시제 공식에서 동사가 여러 개 등장하던 거 기억하나요? 동사가 몇 개든 상관없이 맨 뒤에 있는 동사만 뜻을 가져요. 이 문장에서도 speaking만 뜻을 가지고 나머지는 시제 이름을 만들어 주기 위해서만 있는 거예요. 맨 앞에 있는 have로 현재를 결정하고 2개씩 묶어 보면 have been은 현재완료, been speaking은 진행. 그래서 이 문장의 시제 이름은 현재완료진행이에요.

■ I want to be happy. 나는 행복해지길 원한다.

I는 주어, want는 동사로 뒤에 목적어가 필요한 완전타동사예요. want 다음에 a pen 같은 명사가 오면 바로 목적어라고 이해할 수 있어요. 보어는 필요로 하지 않기 때문에 형용사 happy가 올 자리가 아니에요. 그래서 happy 앞에 to be가 붙은 거예요. 여기서 be동사는 '~하다'로 해석해야 해요. 뒤에 happy라는 형용사가 있으니까요. be 앞에 붙은 to는 목적어로 만들어 주기 위해 붙었어요. be동사가 to be가 되어 명사가 되고 목적어가 된 거예요. 이런 게 바로 둔갑이랍니다. 둔갑은 나중에 따로 자세히 다룰 거예요.

be동사 공식

15번 쓰기

1. be동사의 형태

① 동사원형 be

현재형			과거형		
I		am	I		was
you, we, they	+	are	you, we, they	+	were
he, she		is	he, she		was

② to부정사 to be

③ 동명사 being

④ 현재분사 being

⑤ 과거분사 been

2. be동사의 두 가지 쓰임 : 완전자동사, 불완전자동사

3. be동사의 세 가지 뜻

불완전자동사 : ~이다 (뒤에 명사가 있을 때)

~하다 (형용사가 뒤에 있을 때)

완전자동사 : 있다 (뒤에 명사, 형용사가 없을 때)

4. be동사의 다양한 형태는 시제의 이름이나

둔갑의 형태를 결정하는 데 사용된다.

5. 여러 개의 동사가 모여 있을 경우 맨 뒤 동사를 본동사라 부르며

이 본동사만이 뜻을 가진다. 나머지 동사들은 뜻을 가지지 않으며

시제 이름을 정하는 역할 등을 한다.

6 5형식의 이해

우물가에서 누더기 옷을 입고 새들과 빨래하며 착하게(?) 살던 백설공주는 왕자님을 만나고 행복하게 살았을까요? 춤 몇 시간 같이 추고 떨어뜨린 구두가 인연이 되어 커플이 된 신데렐라 부부도 행복하게 살았을까요? '내가 널 행복하게 해 줄게'라는 오빠(?)의 말만 철석같이 믿고 결혼한 수많은 아가씨들은 지금 어떻게 살고 있을까요? 행복할까요?

행복은 누가 만들어 주는 게 아니라 자신이 찾아야 한다는 지당한 이론은 일단 논외로 하기로 해요.

'내가 널 행복하게 해 줄게'라는 오빠의 말을 한번 영어로 만들어 볼까요? 언뜻 보면 그다지 어렵지 않아 보이지만 막상 덤비면 흠칫하게 되는 스타일의 문장이에요.

오빠의 약속에 신나는 아가씨들도 있지만 오빠를 위해 헌신하는 아가씨들도 있어요. 돈은 없지만 두뇌가 총명하여 싹수가 보이는 오빠에게 미래를 거는 아가씨들도 드물지 않아요.

나 자신을 희생하고 얻은 상대방의 성공이 결국 나에게 어떤 영향을 미칠지는 각자 나중에 생각해 보기로 하고요. 오빠의 약속과 함께 그녀의 뒷바라지 이야기도 영어로 만들어 볼까요?

'내가 그를(오빠를) 의사로 만들었어'도 딱 보기엔 쉬운 문장처럼 보여요. 그러나 이 역시 막상 덤비면 그다지 쉽지 않아요.

'내가 널 행복하게 해 줄게'와 '내가 그를 의사로 만들었어'라는 문장은 짧기 때문에 감만으로도 만들 수 있을지 몰라요. 그런데 어떻게 만들어지는지 확실히 알고 나면 더 좋아요. 응용하는 일이 쉬워지고 무엇보다 내가 만든 문장을 확신하는 즐거움이 있어요.

자, 그럼 이 문장들이 단순해 보이지만 왜 문제의 소지가 있는지 이유를 살펴볼까요?

일단 답부터 볼게요.

■ I will make you happy. 내가 너를 행복하게 해 줄게.

좀 찜찜한 것이 한국말 안의 '행복하게'는 어째서 happily가 아니라 happy가 되었을까요? 원칙상 happily가 맞아야 할 것 같은데요.

■ I made him a doctor. 내가 그를 의사로 만들었어.

다른 건 그렇다 치더라도 '의사로'에 해당하는 부분은 어째서 달랑 a doctor만 있을까요? '~로'는 어디로 갔지요?

이렇게 원칙을 가지고 사소한 것 하나하나 따지기에는 영어 문장이 무수히 많아요. 이렇게 따지는 건 무리일까요? 무리라고 치고 그냥 외워 버릴까요? 그럼 또 그 많은 문장은 다 어떻게 외우지요? 숙어와 관용표현이 워낙 많다 보니 모든 문장을 따박따박 따지는 것도 무리 같고 그렇다고 그냥 느낌으로 외우자니 그것도 너무 많아요.

제가 생각하는 답은 '혼용'이에요. 그러니까 따질 건 따지고 외울 건 외우는 거지요.

문법에 맞출 수 있는 건 따지고요. 숙어나 관용표현은 외우면 돼요.

어떻게 구별할까요? 그건 정말 시간이 걸리는 일이에요. 이것저것 해 보다 보면 자연스럽게 편안해질 거예요. 딱 부러지는 답은 없어요. 그때그때 다르니까요. 하지만 그래도 모든 문장은 1~5형식의 틀 아래 구별한다는 원칙을 가지고 있으면 편안해요.

한국말과 영어가 딱 들어맞는 체계는 아니라 1~5형식을 잡아내는 일이 매번 똑 부러지는 건 아니지만 그래도 얼추 들어맞아요. 혹시 애매하면 그땐 외워 두면 되고요. 일단은 1~5형식을 기준으로 문장을 이해하는 습관을 들이는 게 좋아요. 100% 맞추겠다는 욕심을 버리고 나면 의외로 거의 대부분의 문장이 이 1~5형식의 개념에 맞아떨어져요.

1, 2, 3, 4형식은 생각보다 훨씬 간단해요. 그런데 5형식은 딱 보고 이건 5형식이다! 하기가 쉽지 않아요. 그래서 문장을 보고 좀 낯설게 느껴지거나 어안이 벙벙하다 싶으면 5형식일 가능성이 커요. 1~4형식이 아니면 5형식인 거죠.

더 정확한 방법은 딱 보기에 분명히 주어 하나, 동사 하나를 가진 하나의 절인데 주어, 동사의 개념이 2개가 숨어 있으면 5형식이라고 보는 거예요.

'내가 너를 행복하게 해 줄게'만 봐도 '내가 해 줄게'와 '너는 행복하다'라는 두 가지의 주어, 동사 개념을 찾을 수 있어요.

'내가 그를 의사로 만들었어'에서는 '내가 만들었어'와 '그는 의사이다'를 찾을 수 있지요.

5형식을 잡아내는 두 가지 방법

① 1, 2, 3, 4형식이 아니면 5형식
② 절은 하나지만 주어, 동사의 개념이 2개 숨어 있으면 5형식

이미 답을 알려 주긴 했지만 '내가 너를 행복하게 해 줄게'를 5형식을 이용해서 영어 문장으로 만들어 볼까요? 간단해요. 일단 5형식의 구조를 되살려 봐요.

5형식 주어 + 불완전타동사 + 목적어 + 목적격보어

주어나 목적어 자리에는 명사가 가고요. 보어 자리에는 명사나 형용사가 갈 수 있어요. 이 점을 염두에 두고 문장을 만들어 볼까요?

주어	+	불완전타동사	+	목적어	+	목적격보어
내가		~해 줄게		너를		행복하게
↓		↓ 미래시제		↓		↓
I		will make		you		happy

원칙적으로 우리말에서는 '~하게'나 '~히'로 끝나면 부사예요. 그래서 '행복하게'는 부사인데 5형식에서는 '행복하게'가 목적격보어 자리에 와야 해요. 영어에서 보어에는 명사나 형용사만 쓰여요. 그래서 부사 happily를 쓰지 않고 형용사 happy를 썼어요.

'내가 그를 의사로 만들었어'도 5형식 영어 문장으로 만들어 볼까요?

주어	+	불완전타동사	+	목적어	+	목적격보어
내가		만들었어		그를		의사로
↓		↓ 과거시제		↓		↓
I		made		him		a doctor

'의사로'가 들어갈 자리는 목적격보어예요. 한 번 더 반복하지만 보어에는 명사나 형용사만 쓰여요. 아무리 한국말에 '~로'가 있어도 목적격보어 자리이므로 a doctor라는 명사만 넣는 거예요. 5형식 문장에서 보다시피 영어 문장에는 각각의 자리에 들어가야 할 품사가 이미 정해져 있어요. 그런데 우리말에서 보이는 품사와 영어에서 써 주어야 하는 품사가 달라요. 또 우리말에는 전치사가 필요할 것 같은 표현이 실제 영어에서는 없기도 해요.

이게 절대 만만한 문제가 아니에요. 이렇게 따져 보면 별것도 아니지만 그냥 지나가면 이 하나의 문제가 수백 가지로 보여서 영어를 미로처럼 느끼게 만들어 버려요.

그러니 5형식의 개념을 잘 잡는 게 대단히 중요해요. 뭔가 찝찝하다면 5형식일 가능성이 커요. 목적격보어 자리가 주는 애매함을 이렇게 미리 알고 있으면 그동안 명쾌하지 않았던 많은 문장들이 깔끔해져요. 마지막으로 정리하자면 우리말로 해석했을 때 주어, 동사의 개념이 2개가 있는 문장은 5형식이에요. 또 5형식 해석이 우리말과 딱 맞지를 않는 데에는 목적격보어의 탓이 커요.

5형식의 목적격보어 자리에 동사의 둔갑형이 등장하는 경우가 있어요. 이러면 애를 먹기 십상이에요. 동사는 둔갑해서 명사나 형용사로 쓰이기도 하거든요. 이 부분은 '동사의 둔갑' 부분에서 자세히 보기로 하고 우선 간단한 5형식 문장들을 보면서 개념을 잡아 보세요.

5형식의 특징

10번 쓰기

1. 5형식 : 주어 + 불완전타동사 + 목적어 + 목적격보어

2. 5형식은 우리말과 가장 맞지 않아 보이는 형식

   "내가 너를 행복하게 해 줄게" → **I will make you happy.**

   우리말로 '행복하게'는 부사지만 영어에서는 형용사인 happy로 쓰였음.

   "내가 너를 의사로 만들었어" → **I made him a doctor.**

   우리말로 의사 뒤에 '~로'가 붙었지만
   영어에서는 오직 a doctor라는 명사만 있음.

3. 5형식은 절 하나에 주어, 동사의 개념이 2개 숨어 있다.

   I will make you happy.
   절 하나에 '내가 해 줄게', '네가 행복하다' → 주어, 동사의 개념이 2개

   I made him a doctor.
   절 하나에 '내가 만들었어', '그는 의사이다' → 주어, 동사의 개념이 2개

4. 5형식이 어려운 진짜 이유
   : 목적격보어 자리에 동사의 둔갑형(to부정사, 동명사, 분사 등)이
   자주 등장

5. 5형식 예문들

   I found this hard. 나는 이것을 어렵게 생각한다.

   We elected him president. 우리는 그를 대통령으로 선출했다.

   She drives me crazy. 그녀는 나를 미치게 한다.

   They call me a hero. 그들은 나를 영웅이라고 부른다.

문장 해석 요령

1. 전치사구 버리기

일단 전치사구를 떼어 놓는 일이 중요해요. 영어는 전치사구의 언어라 부르고 싶을 만큼 전치사구가 많아요. 영어만큼 전치사구가 활개를 치는 언어는 없어요. 그런데 이 전치사구는 숙어로서 아주 까다롭게 쓰이는 몇몇 경우를 제외하고는 해석이 간단해요. 속을 썩이는 일이 거의 없어요. 단어의 뜻만 알면 보통은 쉽게 해결이 나요. 그러니 빠른 해석을 위해서 먼저 꼭 전치사구를 제치세요!

2. 부사 버리기

전치사구를 찾을 때 사실 이미 부사구를 대부분 찾았어요. 부사구의 역할을 하는 전치사구가 아주 많거든요. 물론 부사 목록을 달달 외웠다면 부사를 더 많이 찾을 수 있을 거예요. 부사도 많긴 하지만 역시 단어의 뜻만 알면 해결되는 경우가 대부분이에요. 그러니 전치사구를 찾은 다음에 부사도 제쳐 두세요.

3. 기본 5형식으로 주어, 동사, 보어, 목적어 찾기

전치사구와 부사를 제치고 나면 문장을 1~5형식에 대입해 보세요. 문장의 5형식으로 문장을 이해하려면 동사가 불완전동사인지 완전동사인지, 그리고 자동사인지 타동사인지 파악하는 것이 중요해요. 일단 시제 공식을 통해서 동사의 시제를 선명하게 잡아내고 문장의 5형식을 통해 동사 앞에 있는 것에겐 주어, 동사 뒤에 있는 것들에겐 보어나 목적어라는 이름을 주세요.

Chapter 2
복잡한 문장 해석하기

1. 영어 문장의 연결

문장은 절과 절이 연결될 때 길어져요.

절과 절은 접속사로 연결되고요. 그러니 접속사를 찾아내면

절과 절이 어떻게 연결되는지 밝힐 수 있어요.

아무리 길고 복잡한 문장이라도 접속사만 잘 잡으면

90%가 해결돼요.

등위접속사와 종속접속사

등위접속사는 동등한 권력의 두 단어, 구, 절이 만나 대등하게 이어진 형태예요. 우리는 절이 만나는 경우만 볼 거예요. 절이 뭔진 자신 있게 말할 수 있겠죠? 주어 하나, 동사 하나로 이루어졌으면 하나의 절이랍니다.

종속접속사는 주인과 하인이 만난 형태예요. 주인은 주절이라 부르고 하인은 종속절이라고 불러요.

등위접속사는 and, or, but, so, for 이렇게 5개만 달달 외울 거예요. 조금 더 있긴 한데 몰라도 대세에 지장이 없어요. 5개로 일단 손 털어요. 등위접속사는 이게 다예요. 해석도 단순해요. 그냥 연결시키면 돼요.

종속접속사는 종속절을 이끄는데 종속절엔 명사절, 형용사절, 부사절 이렇게 세 가지가 있어요. 구분하는 방법은 좀 더 뒤에서 배울 거예요. 두 절이 엮였는데 접속사가 and, or, but, so, for가 아니면 무조건 종속접속사로 엮인 거예요.

등위접속사
and, or, but, so, for

아니면
무조건 종속접속사

등위접속사의 예문을 볼까요?

■ I am Tom, and you are Jane. 나는 톰이고 너는 제인이다.

I am Tom이라는 절과 You are Jane이라는 절은 등위접속사 and로 연결되어 있어요. 두 절은 '그리고'로 연결된 동등한 관계인 거예요.

■ This is white, but that is black. 이것은 하얗지만 저것은 검다.

This is white라는 절과 that is black이라는 절은 but으로 연결되어 있어요. '그러나'로 연결된 두 절도 동등한 관계예요.

퀴즈를 내 볼게요.

① 통 안에 까만 콩과 하얀 콩이 들어 있어요. 그리고 하얀 콩을 꺼냈어요. 통 안에는 무엇이 남아 있을까요?

까만 콩이랍니다. 단순하게 생각하세요.

② 아이가 태어났어요. 아들이 아니래요. 그럼?

답은 딸이랍니다. 절대 고민하지 마세요. 손녀라고 대답하지 마세요. 우리 쉽게 쉽게 가요.

다음 문제에도 답해 보세요.
종속접속사는 어떻게 확신할 수 있을까요?

답 : 등위접속사가 아니면 무조건 종속접속사!

문장을 해석하다가 접속사 같은 것을 만났어요. 절과 절 사이에 있었어요. 그런데 and, or, but, so, for는 아니에요. 뭘까요?

답 : 종속접속사!

절과 절을 연결할 때에는 반드시 접속사가 필요해요. 만일 없으면 그건 없는 게 아니고요, 어떤 이유로 생략이 된 거랍니다.
등위접속사가 쓰이지 않아서 종속절이라는 걸 알았을 때 종속절의 종류를 파악할 수 있어야 해요. 종속절을 구분하는 방법은 차차 익히기로 하고 종속절의 종류부터 훑어볼까요?
종속절에는 명사절, 형용사절, 부사절이 있어요. 명사는 주어, 보어, 목적어 자리에 가니까 명사절은 주어절이나 보어절, 목적어절로 쓰일 수 있는 거예요. 형용사절은 관계대명사절이고 부사절은 여기저기 수식하는데 많이 쓰여요.

등위접속사와 종속접속사

15번 쓰기

1. 절과 절이 만나는 곳에는 반드시 접속사가 있다.

2. 접속사의 종류 : 등위접속사, 종속접속사

3. 등위접속사 : and, or, but, so, for

4. 종속접속사 : 등위접속사 뺀 나머지 전부

5. 종속접속사는 종속절을 이끈다.

6. 종속절의 종류

   ①명사절 : 주어절, 보어절, 목적어절

   ②형용사절 : 관계대명사절

   ③부사절

2 문장이 길어지는 이유

문장이 길어지는 이유는 크게 두 가지예요.

첫째, 수식(꾸미기) 때문이에요.

'책은 비싸다'라는 간단한 문장도 수식으로 얼마든지 길어질 수 있어요. 한번 늘려 볼까요?

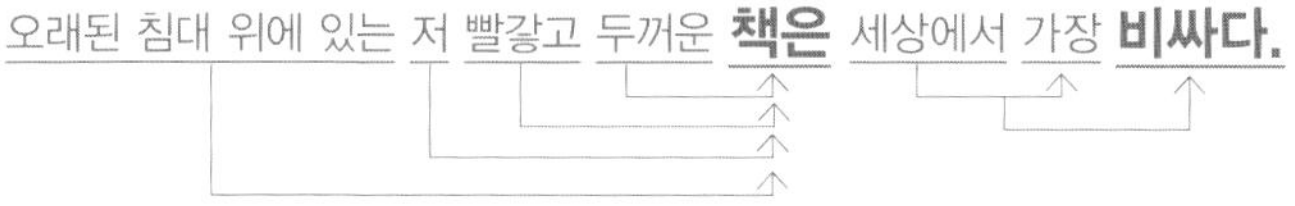

아무리 수식이 길고 길어도 단어나 구로 이루어져 있으면 막상 해석하는 데는 문제가 없어요. 그런데 만일 절이 수식을 하면 문제가 될 수 있어요. 위 우리말 문장만 해도 '빨갛다', '두껍다'라는 형용사뿐만 아니라 '오래된 침대 위에 있다(주어 '책이' 생략)'라는 절이 주어 '책'을 수식해요. 이렇게 우리말에서도 절이 꾸미면 복잡해지는데 하물며 영어에서 이 수식절을 찾고 만들어 내는 일은 더욱 쉽지 않겠지요. 하지만 기초부터 차근차근 따져 보면 결코 어렵지 않아요.

문장에서 꾸며 주는 역할을 하는 것은 뭘까요? 바로 형용사와 부사예요. 마찬가지로 꾸며 주는 역할을 하는 절은 딱 두 가지예요. 형용사절과 부사절.

형용사와 부사가 뭘 꾸미는지 기억하나요? 형용사와 마찬가지로 형용사절은 명사를 수식하고, 부사와 마찬가지로 부사절은 동사, 형용사, 부사, 문장 전체 등등을 수식해요. 그런데 부사절은 거의 문제를 일으키지 않아요. 해석이 간단하거든요. 부사처럼요. 문제는 형용사절이에요.

형용사절은 관계대명사절이라고도 해요. 관계대명사절은 어떤 것은 찾아내기가 쉽지만 어떤 것은 찾아내기가 어렵답니다.

둘째, 절과 절의 만남 때문이에요.

원칙상 절과 절은 접속사만 있으면 무한대로 만날 수 있어요. 원칙이야 그렇지만 사실 그렇게 많은 절이 만나지는 않아요. 4~5개만 되어도 무척! 많은 편에 속하고 대부분 2~3개가 만나는 편이에요. 아시다시피 절과 절을 연결시키는 방법은 딱 두 가지예요. 등위접속사로 나란히 만나는 것과 종속접속사로 끼어 들어가서 만나는 방법.

등위접속사로 만나는 방법은 절대 문제를 일으키지 않아요. 그냥 나란히 해석해 주면 끝이에요.

그런데 종속접속사로 만나는 것은 좀 생각해 볼 필요가 있어요. 종속접속사로 만난다는 것은 뭘까요? 종속접속사는 종속절을 이끌어요. 종속절의 종류 기억하시나요? 명사절, 형용사절, 부사절이 있어요. 문장이 길어지는 건 수식(꾸미기) 때문이고 수식을 담당하는 건 형용사절과 부사절이에요. 부사절은 거의 문제를 일으키지 않으므로 문제를 일으키는 건 형용사절 하나군요.

형용사절은 관계대명사절이니까 종속접속사로 연결되는 경우에도 결국은 관계대명사가 문제가 된다라고 결론이 났네요.

이해하기 어려운가요? 지금은 딱히 이해를 하는 단계라기보다는 익숙해지는 단계예요. 100% 이해가 가지 않아도 쓰기 숙제를 하면서 그냥 지나가 주세요.

우리는 지금 문법의 구구단을 만들고 있는 중이에요. 구구단을 외는 동안에는 이 간단한 것들로 과연 수십만 수백만 단위 숫자의 곱셈이 가능할까 싶지만 결국 가능한 것처럼요. 지금 공부하고 있는 문법의 기본들로 나중에 수많은 문장들의 해석을 간단하게 해결할 수 있어요.

1. 문장이 길어지는 이유

① 수식(꾸미기)이 많을 때

② 절과 절이 만날 때

2. 수식은 형용사나 부사가 하고, 해석을 하는 데 있어 단어나 구는 문제가 되지 않으며 절만 문제를 일으킬 수 있다. 부사절은 자연스럽게 해석이 되므로 결국 형용사절만 문제를 일으킨다.

3. 절과 절이 만나는 방법

① 등위접속사로 연결

② 종속접속사로 연결

③ 등위접속사는 자연스럽게 해석이 되고 종속접속사로 연결되는 형용사절(= 관계대명사절)만 문제를 일으킨다.

3 긴 문장이 어려운 이유는 관계대명사 때문

긴 문장은 어려운 걸까요? 절대 그렇지 않답니다. 긴 문장이 원래 문법적으로는 더 쉬운 경우가 많아요. 그런데 왜 긴 문장만 보면 가슴이 답답할까요? 긴 문장을 막막하게 만드는 원인은 형용사절을 만드는 관계대명사에 있어요.

관계대명사만 차분히 잘 잡으면 문장의 마침표가 저 멀리 동구 밖에서 기다리고 있어도 끄떡없어요.

관계대명사는 조금만 익숙해지면 구조가 환히 보여요. 이것저것 알아야 할 것들이 좀 많은 게 흠이긴 하지만요. 그러나 절대 어렵지는 않아요.

일단 관계대명사의 출생 조건을 한번 볼까요?

- I love Tom. 나는 톰을 사랑한다.
- Tom lives in Atlanta. 톰은 애틀란타에 산다.

→ I love Tom who lives in Atlanta.
나는 애틀란타에 사는 톰을 사랑한다.

같은 명사 Tom을 가진 두 문장을 관계대명사 who로 연결시켜 한 문장으로 바꾸었어요.

■ I like that book. 나는 그 책을 좋아한다.

■ That book is on the table. 그 책은 탁자 위에 있다.

→ I like that book which is on the table.

나는 탁자 위에 있는 그 책을 좋아한다.

같은 명사 that book을 가진 두 문장을 관계대명사 which로 연결시켜 한 문장으로 바꾸었어요.

■ Tom is a singer. 톰은 가수이다.

■ Tom lives in Atlanta. 톰은 애틀란타에 산다.

→ Tom who lives in Atlanta is a singer.

애틀란타에 사는 톰은 가수이다.

같은 명사 Tom을 가진 두 문장을 관계대명사 who로 연결시켜 한 문장으로 바꾸었어요. 위 예문들에는 공통점이 있어요.

① 두 문장을 한 문장으로 만들었다.

② 두 문장에는 똑같은 명사가 반드시 존재한다.

③ 똑같은 명사 중 하나는 한 문장으로 연결하는 과정에서 관계대명사가 되었다.

그러니까 두 문장에 두 개의 똑같은 명사가 있을 때 두 개의 명사 중 하나는 그대로 두고 나머지 하나는 관계대명사로 바꾸어 하나의 문장으로 합칠 수가 있어요.

관계대명사 결합 예문

10번 쓰기

1. I love Tom.

   Tom lives in Atlanta.

   → I love Tom **who** lives in Atlanta.

2. I like that book.

   That book is on the table.

   → I like that book **which** is on the table.

3. Tom is a singer.

   Tom lives in Atlanta.

   → Tom **who** lives in Atlanta is a singer.

4 형용사절 분석

형용사절에 대해서 다시 한 번 생각해 볼까요? 형용사절은 명사를 꾸며요. 그리고 또 다른 이름으로도 불리는데 다 아시죠?

바로 관계대명사절.

우리가 학창 시절 영어 시간에 수도 없이 들었던 이름인 관계대명사절은 형용사절의 또 다른 이름이었고요. 결국 관계대명사절이 하는 일은 복잡한 게 아니라 딱 한 가지, 명사를 꾸며 주는 것이네요.

관계대명사절이 문제를 일으키는 이유는 명사 바로 뒤에 있어야 하기 때문이에요. 무슨 말이냐 하면 명사는 주어, 목적어, 보어의 자리 여기저기 마구 등장을 하는데 그 명사를 꾸미는 형용사절인 관계대명사절은 그 사방천지에 마구 등장하는 명사 바로 뒤로 가면서 주절 속으로 파고들어가요. 주절을 이산가족으로 만들어 놓는 것이죠.

예를 들어 볼까요?

- That girl is my cousin. 저 소녀는 내 사촌이다.
- That girl lives in Paris. 저 소녀는 파리에 산다.

이 두 문장은 아주 간단해요. 해석하기도 쉽죠. 위의 두 문장은 같은 명사를 가졌으니 관계대명사를 이용해서 한 문장으로 만들 수 있어요.

→ That girl who lives in Paris is my cousin.
파리에 사는 저 소녀는 내 사촌이다.

아주 간단하던 문장이 순식간에 뭔가 거룩하게 변했어요. 'who lives in Paris'가 'That girl is my cousin' 속으로 들어갔어요.

위의 예는 쉬운 단어로만 되어 있어서 할 만하지만 같은 원리로 파고 들어가도 어려운 단어가 등장하면 금세 길을 잃기 십상이에요. 이게 바로 관계대명사가 어려운 이유예요.

관계대명사만 정확하게 이해를 하고 훈련하면 긴 문장은 금세 해결할 수 있어요.

관계대명사절을 해결하는 법

하나. 관계대명사절이 만들어지는 과정을 이해한다.
둘. 기본이 되는 몇 가지 패턴을 여러 번 써서 익힌다.

이쯤에서 꼭 기억해야 할 것이 있어요. 우리는 지금 문법의 큰 줄기를 잡는 훈련을 하고 있다는 사실이에요. 문법을 높은 곳에서 내려다보는 순간을 만들 거예요. 그것을 위해서 우리는 명사, 형용사, 부사, 단어, 구, 절, 그리고 시제와 둔갑으로 나뉘는 동사를 공부하고 있다는 것도 꼭 기억해 주세요.

문법을 해결하는 길은 위의 간단한 몇 가지를 이해하는 거예요. 정말 별거 없답니다. 그런데 이 간단한 문법을 완전히 내 것으로 만들려면 독서가 필요해요. 문제집 풀이도 필요하고요. 문법의 원리는 간단하지만 문법만 공부해서는 해결되지 않아요.

문법의 완성은 단어, 숙어가 익숙해지는 독서를 통해서 온답니다.

그리고 문법은 정확한 해석을 위해서도 중요하지만 사실은 곧 하게 될 작문을 위해서 꼭 필요해요. 독서는 문법이 크게 훌륭하지 않아도 그럭저럭 할 수 있지만 작문은 문법이 허술하면 그 자체가 지옥일 뿐 아니라, 내가 정확하게 문장을 만들고 있는지 확신을 할 수가 없어요.

물론 문법의 힘만으로 작문이 이루어지는 건 아니에요. 작문에도 단어와 숙어의 힘이 필요해요. 그러나 일단 문법이 튼튼하게 받쳐 주어야 그 위에서 꽃을 피울 수 있어요.

관계대명사절의 이해

관계대명사절 = 형용사절 ⊂ 종속절

영어의 모든 문장을 단어, 구, 절로 나누어 거기에 명사, 형용사, 부사의 이름을 주고 명사, 형용사, 부사의 해석법을 익히면 영문법을 다 공부한 거나 마찬가지예요. 너무 간단하죠.

네, 결국 그거예요. 거미줄처럼 복잡하게 꼬여 있는 것 같은 문장들도 일단 단어 뜻을 알고 단어, 구, 절로 나누어 거기에 명사, 형용사, 부사 이름을 주면 다 풀리게 되어 있어요. 그것만 기본으로 하면 나머지는 저절로 따라올 거예요.

지금 공부 중인 관계대명사절도 그래요. 엄청 거룩한 척해도 결국 형용사 일을 하는 절일 뿐이에요. 어떤 명사를 수식하는지만 찾으면 해석이 어려울 리 없어요.

원칙적으로 관계대명사절이 수식하는 명사는 관계대명사절 바로 앞에 있어요. 관계대명사절 자체도 의외로 찾기 쉽고요.

그러나 막상 문장들 안에서 찾아내는 것이 그리 쉽지는 않고요. 아무리 쉽다 쉽다 해도 원리를 이해한 상태에서 수많은 반복과 훈련이 뒤따르지 않으면 역시 고달픈 게 문법이지요.

일단 관계대명사절은 형용사절이라는 걸 기억하시는 게 중요해요. 관계대명사절은 명사를 수식해요. 그리고 관계대명사절은 종속절이에요. 종속절에는 명사절, 형용사절, 부사절이 있는데 관계대명사절은 형용사절이거든요.

종속절은 별것 아니고요. 절이 각각 명사, 형용사, 부사의 역할을 하면 그게 바로 명사절, 형용사절, 부사절이에요. 그 명사절, 형용사절, 부사절은 주절 안에서 그 역할을 하기 때문에 주절에 매여 있다는 의미에서 종속절이라고 불러요.

하도 많이 말씀드려서 식상하긴 하지만 문법은 정말 간단해요. 대신 하나하나 꼬치꼬치 따지는 것이 대단히 중요해요. 절대 스트레스 받지 마시고요. 알면 아는 대로 모르면 모르는 대로 그냥 흘러가 주세요. 대신 쓰기 숙제는 꼬박꼬박 하면서 용어나 설명에 익숙해져야 해요.

그렇게 쓰기 숙제를 하면서 독서를 병행하면 어느 순간 심봉사 눈 뜨듯이 문법이 환해질 거예요. 그리고 저절로 한마디가 터져 나올 거예요. "애개, 이거였어?"

다시 한 번 정리할게요. 관계대명사절은 명사를 수식하는 형용사절이라는 것, 형용사절은 종속절 중의 하나라는 것, 종속절은 주절 안에 끼어들어간 또 하나의 절이며 명사절, 형용사절, 부사절 세 가지가 있다는 걸 꼭 기억해 주세요.

주절 ⊃ 종속절

명사절
형용사절 = 관계대명사절
부사절

관계대명사는 똑같은 명사를 가진 2개의 문장이 합쳐지면서 생겨나는 거예요. 두 절이 있고, 그 두 절에 똑같은 명사가 있으면 그중 하나를 관계대명사로 바꾸어 연결시키는 거예요.

① That girl is my cousin.
② That girl lives in Paris.
→ That girl is my cousin and that girl lives in Paris.

이렇게 등위접속사로 연결해도 딱히 틀린 건 아니에요. 그러나 아름답지 못해요. ②번 문장의 that girl을 관계대명사 who로 바꿔 연결해 볼까요? 일단 연결하기 전에 ②번 문장의 that girl 뒤에 who를 붙여 봐요.

이제 ②번 문장에서 that girl을 지우고 관계대명사 who만 사용할 거예요. 이때 who가 들어간 문장을 관계대명사절이라고 불러요. 아무것도 안 바뀐 ①번 문장은 주절이라고 부르고요. 주절에 있는 같은 명사 that girl은 선행사라고 부를 거예요.

선행사
① That girl is my cousin. → 주절
② ~~That girl~~ who lives in Paris. → 관계대명사절

자, 이제는 연결시키는 일이 남았어요.
여기서! 중요한 원칙을 하나 기억하세요.

관계대명사절은 반드시 선행사 뒤로 간다!

그래서 ②번 문장은 ①번 문장의 선행사 that girl 바로 뒤로 갈 거예

요. 넣어 볼까요?

→ That girl who lives in Paris is my cousin.

②번 문장이 That girl 바로 뒤로 가다 보니 ①번 문장의 That girl과 is my cousin이 졸지에 이산가족이 되어 버렸어요.

별것 아닌 것 같지만 이렇게 두 문장을 연결하는 방법을 이해하는 것은 무척 중요해요. 두 문장을 연결하는 방법을 정확히 이해해야 나중에 작문을 제대로 할 수 있는 것은 물론이고요.

반대로 문장 안에서 관계대명사절이 나왔을 때는 두 문장으로 갈라놓을 수 있어야 정확하게 이해한 것이라 볼 수 있어요.

그러니까 'That girl who lives in Paris is my cousin'을 보았을 때

① That girl is my cousin.
② That girl lives in Paris.

이렇게 두 문장으로 분리할 수 있어야 한답니다.

관계대명사절은 절대 만만하지 않아요. 그러나 이렇게 차분히 두 절부터 시작해서 연결하다 보면 절대 어렵지 않답니다.

관계대명사의 탄생

25번 쓰기

1. 두 절에 같은 명사가 있으면 관계대명사를 사용하여 연결할 수 있다.

2. 관계대명사의 시작은 두 절에 같은 명사가 존재하는 것이다.

   That girl is my cousin. **That girl lives in Paris.**

3. 두 절의 같은 명사 중 하나를 관계대명사로 바꾼다. 이때 그 명사가 사람이면 who를 쓴다. 바뀌지 않은 나머지 명사는 선행사라 부른다.

   That girl is my cousin. **~~That girl~~ who lives in Paris.**

   선행사 관계대명사

4. 관계대명사를 넣어 바뀐 문장은 이제 관계대명사절이라고 부르고 바뀌지 않은 나머지 문장은 주절이라고 부른다.

   That girl is my cousin. **who lives in Paris.**

   → 주절 → 관계대명사절

5. 이제 두 절을 연결한다. 이때 관계대명사절은 반드시 선행사 뒤로 간다.

   That girl who lives in Paris is my cousin.

6. 관계대명사절이 들어간 문장은 반드시 원래의 두 절로 돌려놓을 수 있어야 한다.

   That girl who lives in Paris is my cousin.

   ···› **That girl is my cousin.**

   That girl lives in Paris.

6 관계대명사 who, whom

똑같은 명사를 가진 2개의 절을 관계대명사로 엮는 몇 가지 기본적인 유형을 볼까요? 아주 간단한 단어들을 가지고 만들어 볼 거예요. 해석이 중요한 게 아니라 만들어지는 과정과 용어에 익숙해지는 일이 중요하니까요.

■ 첫 번째 경우

① I know Tom.

② Tom lives in Paris.

위의 두 문장은 관계대명사를 이용해서 엮을 수 있어요. Tom이라는 명사가 공통적으로 들어가 있으니까요. ①의 Tom은 선행사가 될 것이고, ②의 Tom은 관계대명사로 바꿀 거예요.

이때 Tom은 사람이고 주어로 쓰였기 때문에 주격 관계대명사인 who를 이용해서 엮어요. ②의 Tom 뒤에 who를 넣은 다음 Tom을 지워요.

① I know Tom.

② ~~Tom~~ who lives in Paris.

②에서 Tom을 지운 who lives in Paris를 ①의 선행사 Tom 바로 뒤로 보내서 엮으면 연결 성공이에요.

→ I know Tom (주절) who lives in Paris. (관계대명사절)

■ 두 번째 경우

① Tom is my friend.

② Tom lives in Paris.

위의 두 문장에도 똑같은 명사가 들어가 있어요. 관계대명사를 이용해서 엮을 수 있겠지요? ①의 Tom을 선행사라고 부르고 ②의 Tom은 사람이고 주격이니 who를 이용해서 일단 관계대명사절로 바꾸어 볼까요.

① Tom is my friend.

② ~~Tom~~ who lives in Paris.

관계대명사절로 바뀐 ②의 who lives in Paris는 ①의 선행사인 Tom 바로 뒤로 가야 하는데 Tom이 문장의 맨 앞에 있어요. 그래도 망설이지 말고 선행사 뒤에 넣어요.

→ Tom who lives in Paris is my friend.

여기서 주절이 이산가족이 되었다는 걸 이해해 주셔야 해요. 이렇게 관계대명사절이 주절 안으로 끼어들어가는 것이 긴 문장을 골치 아프게 하는 원흉이지만, 만들어지는 과정을 수없이 반복하다 보면 별것 아닌 게 되어 버린답니다.

끼어들어간 관계대명사절을 찾아내서 나머지를 엮어 보면 그게 주절이겠지요. 결국 단어만 알면 문장 구조는 쉽게 익숙해질 거예요.

Tom who lives in Paris is my friend.

관계대명사절

주절

■ 세 번째 경우

① I know Tom.

② Everybody likes Tom.

여기에도 똑같은 명사 Tom이 있네요. ①의 Tom은 선행사라고 부르고요, ②의 Tom은 목적어로 쓰였네요. 목적격 관계대명사 whom을 써서 엮을 거예요. 일단 ②를 바꾸어 볼까요?

① I know Tom.

② Everybody likes ~~Tom~~ whom.

목적격 관계대명사 whom을 넣어 관계대명사절로 바꾼 후에는 ①의 선행사 Tom 바로 뒤로 보내야겠지요? 그런데 여기서 잠깐! 아주 중요한 또 하나의 원칙이 있어요.

관계대명사는 관계대명사절의 맨 앞에 있어야 한다!

그래서! Everybody likes whom을 일단 whom everybody likes로 바꾸어 선행사 뒤로 보내야 한답니다.

→ I know Tom whom everybody likes.

주절 관계대명사절

■ 네 번째 경우

① Tom is my friend.

② Everybody likes Tom.

역시 관계대명사절로 엮을 수 있어요. ②의 Tom을 목적격 관계대명사 whom으로 바꾸고 관계대명사절을 만들 거예요.

① Tom is my friend.

② Everybody likes ~~Tom~~ whom.

②번 문장의 Tom을 지우고 관계대명사는 반드시 관계대명사절의 맨 앞으로 가야 하므로 whom everybody likes를 ①의 선행사 Tom 바로 뒤로 보냅니다.

→ Tom whom everybody likes is my friend.

관계대명사절

주절

참고로 목적격 관계대명사 whom 대신 who를 써도 된답니다.

주격 관계대명사 who

15번 쓰기

1. **I know Tom.**

   Tom lives in Paris.

똑같은 두 개의 명사 Tom이 있어서 한 문장으로 엮을 수 있다.
첫 번째 명사를 선행사라고 부름. 두 번째 명사를 관계대명사로 바꿈.
두 번째 명사 Tom이 사람이고 주어이므로 주격 관계대명사인 who를 이용.

I know Tom.

~~Tom~~ who lives in Paris.

→ **I know Tom who lives in Paris.**

2. **Tom is my friend.**

   Tom lives in Paris.

똑같은 두 개의 명사 Tom이 있어서 한 문장으로 엮을 수 있다.
첫 번째 명사를 선행사라고 부름. 두 번째 명사를 관계대명사로 바꿈.
두 번째 명사 Tom이 사람이고 주어이므로 주격 관계대명사인 who를 이용. 관계대명사절은 선행사인 Tom의 바로 뒤에 붙어야 하므로 끼어든다.

Tom is my friend.

~~Tom~~ who lives in Paris.

→ **Tom who lives in Paris is my friend.**

목적격 관계대명사 who(m)

15번 쓰기

1. **I know Tom.**

   Everybody likes Tom.

똑같은 두 개의 명사 Tom이 있어서 한 문장으로 엮을 수 있다.
첫 번째 명사를 선행사라고 부름. 두 번째 명사를 관계대명사로 바꿈.
두 번째 명사 Tom이 사람이고 목적어이므로 목적격 관계대명사 whom을 이용. 관계대명사는 반드시 관계대명사절의 맨 앞에 있어야 함.

I know Tom.

Everybody likes ~~Tom~~ whom. (→ whom everybody likes)

→ **I know Tom whom everybody likes.**

2. **Tom lives in Paris.**

   I know Tom.

똑같은 두 개의 명사 Tom이 있어서 한 문장으로 엮을 수 있다.
첫 번째 명사를 선행사라고 부름. 두 번째 명사를 관계대명사로 바꿈.
두 번째 명사 Tom이 사람이고 목적어이므로 목적격 whom을 이용.
관계대명사는 반드시 관계대명사절의 맨 앞에 있어야 함.
관계대명사절은 반드시 선행사 뒤에 붙어야 함.

Tom lives in Paris.

I know ~~Tom~~ whom. (→ whom I know)

→ **Tom whom I know lives in Paris.**

3. 목적격 관계대명사 whom은 who로 써도 괜찮음.

I know Tom who everybody likes.

Tom who I know lives in Paris.

7 관계대명사 which

사물에 해당하는 관계대명사는 무엇일까요? 바로 which입니다. 관계대명사로 엮는 방법은 관계대명사 who에서 공부한 것과 똑같아요. 다만 사람이 사물로 바뀌었을 뿐이에요.

문법은 이렇게 아주 간단한 원칙 몇 가지가 응용되는 것일 뿐이랍니다. 어려운 문법은 절대! 존재하지 않아요. 익숙하지 않아 헤매는 문법만이 존재할 뿐이에요.

그럼 기본 유형을 볼까요?

■ 첫 번째 경우

① This is the book.
② The book is better than the movie.

이제 위의 두 문장은 관계대명사로 엮을 수 있다는 것을 확실히 알죠? 같은 명사 the book이 있으니까요.

①의 the book은 선행사가 되고요. ②의 the book은 주어라서 주격 관계대명사를 이용해야 하는데 사물이라서 which를 이용할 거예요.

① This is the book.

② ~~The book~~ which is better than the movie.

이제 엮어 볼까요? 관계대명사절이 선행사 바로 뒤로 갈 거예요.

→ This is the book (주절) which is better than the movie. (관계대명사절)

관계대명사는 두 개의 똑같은 명사가 있는 두 절을 엮기 위해서 태어났다는 걸 다시 한번 기억해 주세요. 바꾸어 말하면 관계대명사가 있는 문장은 원래 두 절이었던 것을 관계대명사를 이용해서 하나로 엮었다는 것이겠지요?

■ 두 번째 경우

① The book is on the desk.

② The book is better than the movie.

두 개의 같은 명사 the book이 있으니 관계대명사를 이용해서 엮을 거예요. ①의 명사 the book은 선행사이고 ②의 명사 the book은 관계대명사로 바꿀 거예요. The book이 주어로 쓰였고 사물이니 주격 관계대명사 which를 이용해야겠지요?

① The book is on the desk.

② ~~The book~~ which is better than the movie.

②는 이제 관계대명사절이 되었어요. 관계대명사절은 반드시 선행사 뒤로 가야 한다는 원칙이 있었어요. 옮겨 볼까요?

→ The book which is better than the movie is on the desk.

관계대명사절

주절

관계대명사가 절대 어려운 문법이 아닌데도 불구하고 말썽쟁이처럼 인식되는 이유는 이렇게 문장 사이로 파고들어 가기 때문이에요. 나누어 놓고 보면 별거 아닌 문장들이 뒤섞이면 어렵게 느껴져요. 이렇게 하나로 된 문장을 둘로 나누는 연습도 해야 해요. 둘을 하나로 엮는 연습을 충분히 하시면 하나를 둘로 가르는 일도 쉬울 거예요.

■ 세 번째 경우

① This is the book.
② You bought the book.

두 개의 절에 두 개의 같은 명사가 있으니 당연히 관계대명사로 바꿀 수 있어요. ①의 the book은 선행사고요. ②의 명사 the book은 사물이고 목적어로 쓰였어요. 그래서 목적격 관계대명사를 써야 하는데 주격 관계대명사와 똑같은 which예요. which를 이용해서 두 번째 절을 관계대명사절로 바꿀 거예요.

① This is the book.

② You bought ~~the book~~ which.

이제 엮을 차렌데 잠깐!

관계대명사는 반드시 절의 맨 앞으로 가야 한다는 중요한 원칙이 있다는 거 기억하죠? You bought which를 which you bought로 과감하게 바꾸어요. 이제 맘 놓고 엮어 볼까요? 관계대명사절을 선행사 바로 뒤로 보낼 거예요.

→ This is the book which you bought.

(This is the book: 주절 / which you bought: 관계대명사절)

■ 네 번째 경우

① The cup was white.

② He gave me the cup.

위의 두 절엔 the cup이라는 명사가 공통적으로 들어 있어요. 관계대명사를 이용해서 엮을 수 있어요. ①의 명사는 선행사라고 부르고 ②의 명사는 사물이고 목적어로 쓰였으니 목적격 관계대명사 which로 바꾸어 볼까요?

① The cup was white.

② He gave me ~~the cup~~ which.

두 개의 절을 엮기 전에 관계대명사를 절의 맨 앞으로 보내야겠죠? He gave me which를 which he gave me로 바꿔요.

이제 관계대명사절을 선행사 바로 뒤로 보내 볼까요?

→ The cup which he gave me was white.

관계대명사절

주절

해 봐서 알겠지만 관계대명사는 원칙이 정말 간단해요. 두 개의 같은 명사를 가진 절을 엮을 때 같은 명사 중 하나는 선행사라고 부르고 나머지 하나는 관계대명사로 바꾸어 관계대명사절을 선행사 뒤로 보내는 거예요.

그런데 이 간단한 원칙도 수없이 많은 반복을 거치지 않으면 절대 내 것이 되지 않고, 내 것이 된다 싶어도 막상 실전에서 사용하려면 가물거릴 수밖에 없어요. 그러니 오직 쓰고 또 써서 몸으로 익히기를 강하게 주장할 수밖에 없답니다.

이참에 관계대명사의 기본을 튼튼히 하면 나중에 공부할 예외와 관계부사가 쉬워지는 건 물론이고요, 문장 해석도 명쾌해질 것이고, 무엇보다 작문할 때 관계대명사를 이용해서 멋진 문장을 만들 수 있어요.

주격 관계대명사 which

15번 쓰기

1. **This is the book.**

   The book is better than the movie.

똑같은 두 개의 명사 the book이 있어서 한 문장으로 엮을 수 있다.
첫 번째 명사를 선행사라고 부름. 두 번째 명사를 관계대명사로 바꿈.
두 번째 명사 the book이 사물이고 주어이므로
주격 관계대명사인 which를 이용.

This is the book.

~~The book~~ which is better than the movie.

→ **This is the book which is better than the movie.**

2. **The book is on the desk.**

   The book is better than the movie.

똑같은 두 개의 명사 The book이 있어서 한 문장으로 엮을 수 있다.
첫 번째 명사를 선행사라고 부름. 두 번째 명사를 관계대명사로 바꿈.
두 번째 명사 The book이 사물이고 주어이므로 주격 관계대명사인
which를 이용. 관계대명사절은 선행사인 The book의 바로 뒤에
붙어야 하므로 끼어든다.

The book is on the desk.

~~The book~~ which is better than the movie.

→ **The book which is better than the movie is on the desk.**

목적격 관계대명사 which

15번 쓰기

1. **This is the book.**

   You bought the book.

똑같은 두 개의 명사 the book이 있어서 한 문장으로 엮을 수 있다.
첫 번째 명사를 선행사라고 부름. 두 번째 명사를 관계대명사로 바꿈.
두 번째 명사 the book이 사물이고 목적어이므로
목적격 관계대명사인 which를 이용.
관계대명사는 반드시 관계대명사절의 맨 앞에 있어야 함.

This is the book.

You bought ~~The book~~ which. (→ which you bought)

→ **This is the book which you bought .**

2. **The cup was white.**

   He gave me the cup.

똑같은 두 개의 명사 the cup이 있어서 한 문장으로 엮을 수 있다.
첫 번째 명사를 선행사라고 부름. 두 번째 명사를 관계대명사로 바꿈.
두 번째 명사 the cup이 사물이고 목적어이므로
목적격 관계대명사인 which를 이용.
관계대명사는 반드시 관계대명사절의 맨 앞에 있어야 함.
관계대명사절은 반드시 선행사 뒤에 붙어야 함.

The cup was white.

He gave me ~~the cup~~ which. (→ which he gave me)

→ **The cup which he gave me was white.**

2. 분사구문의 출발은 부사절

분사구문은 까다롭긴 하지만 과정만 정확히 이해하고 충분히 반복하면 딱히 어려울 것도 없는 문법이에요. 처음부터 어려운 문법은 없어요. 처음엔 다 간단하고 쉽지만 몇 가지 과정을 거치다가 길을 잃어서 어려워지는 거랍니다. 우리는 처음으로 돌아가서 차분하게 과정을 거칠 거예요. 그럼 다 쉬워요. 말썽쟁이 분사구문도 부사절부터 출발해서 과정을 이해하면 참 별거 아닌 문법이거든요.

1 문법의 기둥

문법은 깊이 들어가서 파고들자면 한이 없지만 기둥을 잘 세우고 거기에 가지를 붙여 나가면 금세 자리를 잡을 수 있어요. 그 기둥은 다음과 같아요.

① 모든 문장은 단어, 구, 절로 이루어져 있다.
② 그 단어, 구, 절에 명사, 형용사, 부사, 동사의 이름을 준다.
③ 명사는 주어, 보어, 목적어 세 가지의 일을 한다.
④ 명사와 동사는 문장의 뼈대를 만들고 형용사와 부사는 꾸미는 일을 한다.
⑤ 형용사는 명사를 꾸미고 부사는 동사, 형용사, 부사, 문장 전체를 꾸민다.
⑥ 부사는 또한 때, 장소, 이유, 조건, 목적, 원인, 결과, 정도, 방법 등등의 일도 한다.
⑦ 동사는 시제 변화와 둔갑 두 가지의 일을 한다.
⑧ 동사가 주어 다음에 나와 주어가 하는 일을 정하면 시제 변화이다.

⑨ 동사가 동사의 자리(주어 뒤)가 아닌 다른 자리, 즉 명사, 형용사, 부사의 자리로 가면 둔갑이라고 부른다.
⑩ 둔갑의 형태에는 to부정사, 동명사, 분사 세 가지가 있다.
⑪ to부정사, 동명사, 분사는 출신은 동사이나 동사의 일이 아닌 명사, 형용사, 부사의 일을 한다.

위의 기둥들을 다시 더 간단하게 정리하면 모든 문장을 단어, 구, 절로 나누어 거기에 명사, 형용사, 부사의 이름을 주고 동사를 시제 변화와 둔갑 두 가지로 나누어 적당한 이름을 주는 것이라고 할 수 있어요. 결국 문법의 성패는 얼마나 정확하고 신속하게 명사, 형용사, 부사의 이름을 주느냐에 달려 있다고 생각해요.

우리는 앞으로 부사절을 본격적으로 공부할 거예요. 부사절은 주어, 동사를 최소한 하나씩 가진 절의 형태로 동사, 형용사, 부사, 문장 전체를 꾸미는 일을 하겠지요? 혹은 때, 장소, 이유, 조건, 목적, 원인, 결과, 정도, 방법 등을 나타내는 일을 하겠고요.

문법의 기둥 정리

10번 쓰기

1. 모든 문장은 단어, 구, 절로 이루어져 있다.

2. 그 단어, 구, 절에 명사, 형용사, 부사, 동사의 이름을 준다.

3. 명사는 주어, 보어, 목적어의 일을 한다.

4. 명사와 동사는 문장의 뼈대를 만들고 형용사와 부사는 꾸민다.

5. 형용사는 명사를 꾸미고 부사는 동사, 형용사, 부사, 문장 전체를 꾸민다.

6. 부사는 또한 때, 장소, 이유, 조건, 목적, 원인, 결과, 정도, 방법 등등을 나타내는 일도 한다.

7. 동사는 시제 변화와 둔갑 두 가지의 일을 한다.

8. 동사가 주어 다음에 나와 주어가 하는 일을 정하면 시제 변화이다.

9. 동사가 동사의 자리(주어 뒤)가 아닌 다른 자리,
즉 명사, 형용사, 부사의 자리로 가면 둔갑이라고 부른다.

10. 둔갑의 형태에는 to부정사, 동명사, 분사 세 가지가 있다.

11. to부정사, 동명사, 분사는 출신은 동사이나 명사, 형용사, 부사의 일을 한다.

2 절의 종류

절 얘기가 나온 김에 다시 훑어볼게요. 주어 하나, 동사 하나를 가진 절에는 크게 세 가지가 있어요. 명사절, 형용사절, 부사절.

① 명사절은 크게 주어절, 목적어절, 보어절 세 가지가 있어요.
② 형용사절은 관계대명사절이고, 선행사인 명사를 수식해요.
③ 부사절은 동사, 형용사, 부사, 문장 전체를 꾸미는 일을 해요. 혹은 때, 장소, 이유, 조건, 목적, 원인, 결과, 정도, 방법 등을 나타내기도 해요.

자, 여기서!
중요한 개념이 하나 더 있어요.

명사절, 형용사절, 부사절은 무조건! 종속절이다.

종속절은 주절에 종속되어 있는 절이에요. 그러니까 명사절, 형용사절, 부사절은 절대 혼자서 다니지 않아요. 주절이 어디엔가 반드시 있어요.

주어 하나, 동사 하나에 마침표가 있는 문장은 그냥 절이에요. 명사절, 형용사절, 부사절의 이름을 갖지 않아요. 성분을 따지지 않아요. 그러나 종속절에는 반드시 이름을 주어야 해요. 명사절, 형용사절, 부사절 중에 하나로요.

종속절은 그럼 어떻게 찾을까요? 전에 배운 적이 있어요. 절과 절이 만난 경우 and, or, but, so, for라는 등위접속사로 만나지 않았으면 무조건 종속절이라 부르기로 했어요.

■ I am Tom and you are Jane.

위 문장엔 절이 몇 개 있을까요? I am Tom과 You are Jane 이렇게 두 개가 있어요. 이 대등한 두 개의 절이 and라는 등위접속사로 연결되어 있는 거예요.

■ I know Tom who lives in Paris.

위 문장에도 두 개의 절이 있는데 찾기는 어려울지 몰라요. 일단 I know Tom은 찾을 수 있죠. 나머지 부분에서 절을 찾아보니 동사 lives가 있네요. 그럼 바로 앞이 주어니까 나머지 한 절은 who lives in Paris가 돼요. 여기서 who는 관계대명사예요. 그런데 and, or, but, so, for가 보이지 않아요.

절과 절이 만나면 반드시 접속사가 필요해요. 여기서는 관계대명사 who가 접속사 역할도 하고 있어요. who는 종속접속사예요. 왜? 등위접속사가 아니기 때문이지요.

종속접속사는 반드시 명사절, 형용사절, 부사절 셋 중의 하나를 이끌어야 해요. 아니나 다를까! 관계대명사이자 종속접속사인 who는 형용사절 who lives in Paris를 이끌고 있어요. 관계대명사절은 형용사절이니까요. 형용사절은 반드시 명사를 꾸며 주어야 하므로 바로 앞의 Tom을 꾸미고 있어요.

즉 who lives in Paris는 명사 Tom에 대하여, 그가 어떤 Tom인지 수식해 주고 있어요. 해석하면 '파리에 사는 톰'이 되겠지요?

그리고 who lives in Paris는 형용사절로 종속절이니까 반드시 주절이 필요하겠지요? 앞에 있는 I know Tom이 주절이에요.

명사절과 부사절도 종속절이에요. 반드시 주절과 같이 다닐 거예요. 주절 없는 형용사절, 명사절, 부사절은 앙꼬 없는 찐빵이고요, 오아시스 없는 사막이에요. 오징어 빠진 해물파전이고요.

명사절은 명사 일을 하는 절이고 부사절은 동사, 형용사, 부사 및 문장 전체를 수식해요. 또는 주절에 필요한 때, 장소, 이유, 조건, 목적, 원인, 결과, 정도, 방법 등을 나타내 줄 거예요.

종속절의 종류

25번 쓰기

1. 종속절에는 명사절, 형용사절, 부사절 세 가지가 있다.

2. 명사절은 주어절, 보어절, 목적어절 세 가지 역할을 한다.

3. 부사절은 동사, 형용사, 부사 및 문장 전체를 수식한다.

4. 형용사절은 관계대명사절이며 선행사인 명사를 수식한다.

3 부사절의 예문

부사절은 말 그대로 부사 일을 하는 절이에요. 또 반복할게요. 부사가 하는 일은 동사, 형용사, 부사 및 문장 전체 수식이고요. 또는 때, 장소, 이유, 조건, 목적, 원인, 결과, 정도, 방법 등을 나타내요.

이 부사절의 예문을 보려고 하는데요. 부사절은 종속절의 하나로서 반드시 주절과 함께여야 한다는 걸 기억하고, 종속절과 주절의 관계를 이해해야 해요.

때를 나타내는 부사절

When I was young은 '내가 어렸을 때'라고 쉽게 해석이 되지요. 그런데 뭔가 찜찜해요. 말이 다 끝나지 않았지요? 차라리 여기서 when을 빼 버리면 '나는 어렸다'로 해석되어 말끔해지는데 when이 있으면 뭔가 더 필요한 상황이 되는 거죠.

바로 이게 종속절의 운명이에요. 종속절은 자기 혼자서는 아무것도 아니에요. 반드시 주절이 있어야만 의미가 생긴답니다.

■ I lived in Paris when I was young.

어떤가요. 개운하죠? '나는 어렸을 때 파리에 살았다'라는 깔끔한 문장이 되었어요. 이렇게 종속절은 반드시 주절을 필요로 한다는 걸 잊지 말아 주세요.

위 문장을 분석해 보면 I lived in Paris는 주절이고요. when I was young은 종속절이에요. 종속절에는 명사절, 형용사절, 부사절 세 가지가 있는데 이 절은 때를 나타내고 있으므로 부사절이에요. 여기서 when은 부사절인 종속절을 이끄는 종속접속사랍니다.

이유를 나타내는 부사절

■ I was happy because you did it.

'네가 그것을 해서 나는 기뻤다'라는 위 문장에도 두 개의 절 I was happy와 you did it이 있어요. 절과 절이 만나면 반드시 접속사가 필요한데 여기서는 because가 접속사고요. because는 등위접속사가 아니므로 종속접속사라고 부를 거예요.

여기서 because는 이유를 나타내는 부사절을 이끄는 종속접속사예요. 종속절이 있는 곳에는 반드시 주절이 있어야 하는 법! I was happy가 주절이에요.

이렇게 문법을 하나하나 공부한 후에는 문장 분석을 본격적으로 할 거예요. 문장 분석은 결국 이름을 주는 일이고요. 그 이름은 절대 천 가지 만 가지가 아니에요. 달랑 몇 개예요. 조금 귀찮더라도, 꼭 이래야 하나 싶더라도 굳이 이름을 불러 주어야 해요.

이름만 제대로 부르면 문법은 날개를 달아요. 문장 분석을 본격적으로 시작하면 이제 자잘한 문법들도 재밌게 공부할 수 있을 거예요. 기둥이 세워진 자리에서 자잘한 문법을 공부하는 재미를 나누고 싶어요. 도저히 혼자만 알고 있을 수가 없어요.

장소를 나타내는 부사절

■ He was happy where he was.

'그가 있던 곳에서 그는 행복했다'라고 해석되는 문장이에요. 주어 동사 하나씩인 절 두 개가 만났어요. 등위접속사로 만나지 않았으니 종속접속사로 만났겠지요?

여기서는 where이 종속접속사고요. 장소를 나타내므로 부사절을 이끄는 종속접속사예요. 그러니까 where이 이끄는 where he was는 장소를 나타내는 부사절, 즉 종속절이고요. 그 앞의 He was happy는 주절이랍니다.

조건을 나타내는 부사절

■ If it rains, you have to stay at home.

'만일 비가 온다면 너는 집에 있어야 해'라고 해석되는 이 문장은 조건을 나타내는 접속사 if가 등위접속사가 아니므로 종속접속사고요. 조건을 나타내는 부사절을 이끌고 있어요. 부사절 If it rains는 당연히 종속절이고요. you have to stay at home이 주절이랍니다.

주절과 종속절이 자리가 바뀐 건 별거 아니에요. 단, 중간에 쉼표가 들어갔다는 것에 주의해 주세요.

| 양보를 나타내는 부사절

- I would like to go out although it is raining.

'비가 오고 있지만 나는 나가고 싶다'라는 이 문장에서 although는 양보를 나타내는 부사절을 이끄는 접속사예요. 양보는 어떤 사실이나 전제를 종속절에서 인정은 하지만 주절에서는 다른 내용을 말할 때를 가리킵니다. 그래서 although it is raining은 양보를 나타내는 부사절, 종속절이고요. 그 앞의 I would like to go out은 주절이랍니다.

부사절 예문

20번 쓰기

I lived in Paris when I was young.

주절 / 때를 나타내는 부사절, 종속절

I was happy because you did it.

주절 / 이유를 나타내는 부사절, 종속절

He was happy where he was.

주절 / 장소를 나타내는 부사절, 종속절

If it rains, you have to stay at home.

조건을 나타내는 부사절, 종속절 / 주절

I would like to go out although it is raining.

주절 / 양보를 나타내는 부사절, 종속절

4 명사절

주절과 함께 다니는 종속절은 명사절, 형용사절, 부사절 이렇게 세 가지의 이름을 갖는다고 했어요. 형용사절은 관계대명사절이라는 이름으로 이미 공부했고요. 부사절도 예문을 살펴보았어요.

자, 이제 하나 남은 명사절에 대해서 공부해 볼까요?

명사절은 명사 일을 하는 절이에요. 명사는 주어, 보어, 목적어의 자리에 가고요. 그러니까 명사절은 주어, 보어, 목적어의 일을 하는 절인 거예요.

주어는 동사의 주체로서 '~은/는/이/가'로 해석이 가능하고요. 보어는 불완전자동사 뒤에서 '~이다', '~하다'로 쓰여요. 그리고 목적어는 '~에게'로 해석되는 간접목적어, '~을/를'로 해석되는 직접목적어 두 가지가 있다는 거 기억하나요?

명사절에는 주어절, 보어절, 목적어절 이렇게 세 가지가 있어요. 주어 자리에 쓰인 절, 보어 자리에 쓰인 절, 목적어 자리에 쓰인 절을 찾아낼 수 있으면 명사절을 찾아내는 일이 가능해지는 거겠지요? 어렵지 않아요. 예문들을 볼까요?

■ ______________________ became obvious.

위 문장을 보면 became은 동사고요. obvious는 '명백한'이라는 뜻의 형용사예요. became은 대표적인 불완전자동사이니 보어를 필요로 할 테고, 보어 자리에는 명사나 형용사가 와야 하는데 형용사가 왔으니 아무 문제없어요.

밑줄이 그어진 곳에 주어가 들어가야 한다는 건 명백해 보이네요. 주어 자리엔 명사만 들어가야 한다는 거 기억하시죠? 그리고 명사는 단어, 구, 절 세 가지 형태가 있어요. 우리는 이 주어 자리에 명사절을 넣어 볼 거예요.

That he was wrong을 밑줄 그은 곳에 넣어 보려고 해요. he는 주어, was는 불완전자동사, wrong은 보어 자리에 쓰인 형용사예요. 또 다른 2형식 절이에요. 그런데 앞에 있는 that은 뭘까요?

that은 종속접속사예요. he was wrong이라는 절은 주어 자리에 갈 예정이므로 주어절(주절과 혼동하시면 안 돼요!)이고요. 주어절은 명사절, 그리고 명사절은 종속절이라는 원칙이 있었어요. 종속절은 종속접속사를 갖는다는 원칙도 있었고요. 절과 절이 만나면 접속사가 반드시 필요하다는 거 기억하죠?

이제 문장을 완성해 볼게요.

That he was wrong became obvious.

해석은 '그가 틀렸다는 게 명백해졌다'예요. 절과 절이 만났는데 등위접속사를 이용해서 나란히 만난 것이 아니고요. 주절, 종속절의 관계로 종속접속사 that을 이용해서 만났어요.

언뜻 좀 부담스러운 문장처럼 보이지만 자꾸 반복하다 보면 금세 익숙해질 수 있고요. 무엇보다 이 구조는 주어절인 That he was wrong이 뒤로 빠지고 그 자리에 가주어 it을 넣는 게 대세라서 너무 어렵게 생각하지 않아도 돼요. 볼까요?

It became obvious that he was wrong.

훨씬 편안하게 느껴지죠? 그래도 위 문장의 원조는 That he was wrong became obvious였다는 걸 반드시 기억하고 있어야 영어의 구조가 더욱 편안해질 거예요.

그리고 또 하나, that he was wrong은 당연히 종속절이고요. 그 전에 존재했던 절의 형태인 became obvious는 주절이에요.

보어절

■ The point is ______________ .

위 문장을 보면 The point는 주어예요. is는 '~이다'로 해석 가능한 불완전자동사고요. 그러니까 뒤의 밑줄에는 보어가 와야 할 것 같아요.

보어 자리에는 명사나 형용사가 올 수 있어요. 그런데 우리는 명사를 넣어 보려고 해요. 명사에는 단어, 구, 절이 있는데 우리는 절을 선택할 거예요. 넣어 볼까요?

The point is that we should help him.

'요점은 우리가 그를 도와야 한다는 것이다'라는 뜻으로, The point는 주어, is는 불완전자동사, we should help him은 절이고 보어 자리에 쓰였어요. 해석이 '~이다'이므로 보어절은 명사절이고요. 명사절은 종속절이라 종속접속사 that을 가지고 왔어요. 특별한 뜻이 없으면 대개 that을 써요.

the point is는 주절, that we should help him은 보어절, 명사절, 종속절이라는 것도 잊지 말아 주세요.

목적어절

■ I think ________________ .

I는 주어고요. think는 '~을'에 해당하는 직접목적어를 취할 수 있는 타동사예요. 그러니까 밑줄 안에는 목적어가 들어가야 하고요. 목적어 자리에는 명사만 들어갈 수 있어요. 명사 자리에는 단어, 구, 절이 다 들어갈 수 있는데 우리는 당연히 절을 넣을 거예요. 명사절을 공부하고 있으니까요.

I think that she knows.

'그녀가 알 거라고 나는 생각한다'라는 뜻으로 I는 주어, think는 목적어를 취할 수 있는 타동사, 그리고 think 뒤에 she knows라는 절이 목적어의 역할을 하러 왔어요. 그런데 목적어절은 명사절이고 명사절은 종속절이다 보니 그냥 오지 않고 that이라는 종속접속사를 가지고 왔어요.

그래서 I think는 주절이고요. 밑줄 안으로 들어간 that she knows는 목적어절, 명사절, 종속절이에요. that은 물론 종속접속사고요.

눈으로 보기만 하는 건 절대 믿을 수 없어요. 쓰면서 곰곰이 생각하고 또 생각하는 시간이 필요해요.

명사절 정리

2번 쓰기

명사절 – 주어절, 보어절, 목적어절

1. 주어절

____________ became obvious.

became은 동사, obvious는 형용사.

became 다음에 형용사이므로 불완전자동사.

밑줄은 주어, 주어 자리에는 명사만 들어감.

명사는 단어, 구, 절 세 가지의 형태.

주어 자리에 'he was wrong' 절을 넣으면?

주어절은 명사절. 명사절은 종속절.

절과 절이 만나면 접속사가 반드시 필요하므로 종속접속사 that 사용.

종속접속사는 종속절 앞으로 감.

That he was wrong **became obvious.**
종속절(주어절) 주절

이런 경우엔 대부분 가주어 it을 사용하여 종속절을 뒤로 뺀다.

⋯→ **It became obvious that he was wrong.**

2. 보어절

The point is ______________.

The point는 주어, is는 '~이다'로 해석하는 불완전자동사.

밑줄은 보어. 보어 자리에는 명사나 형용사가 올 수 있음.

그런데 형용사절은 앞에 형용사절이 꾸미는 선행사가 있어야 하므로 이 경우엔 올 수 없음.

보어 자리에 'we should help him'을 넣으면?

보어절은 명사절. 명사절은 종속절.

절과 절이 만나면 접속사가 반드시 필요하므로 종속접속사 that 사용.

특별한 뜻이 없으면 대개 that을 사용.

The point is that we should help him.

주절 종속절(보어절)

3. 목적어절

I think ____________________.

I는 주어. think는 직접목적어를 취할 수 있는 타동사.

밑줄은 목적어, 목적어 자리에는 명사만이 들어감.

명사는 단어, 구, 절 3가지의 형태.

목적어 자리에 'she knows' 절을 넣으면?

목적어절은 명사절. 명사절은 종속절.

절과 절이 만나면 접속사가 반드시 필요하므로 종속접속사 that 사용.

종속접속사는 종속절 앞으로 감.

I think that she knows.

주절 종속절(목적어절)

명사절은 종속절이라 종속접속사 that을 가지고 왔음.

특별한 뜻이 없으면 대개 that을 사용.

3. to부정사, 동명사, 분사

동명사나 분사는 평생을 들어 익숙한 문법 용어인데
막상 써 본 일은 별로 없으실 거예요.
to부정사도 맘 놓고 쓰지는 못해요.
무슨 말을 하려고 해도 아주 못 하는 건 아니에요.
그런데 꼭 필요한 단어를 동명사로 써야 하는지,
아님 분사나 to부정사로 써야 하는지 헷갈리고는 해요.
그래서 하려던 말을 포기하곤 해요. 아는 것이 영 없지는 않은데
써먹으려고만 하면 명확하게 아는 것이 하나도 없는 것 같아요.
그래서 어디 가면 억장이 무너지는 걸 감수하고
“저 영어 하나도 몰라요”라고 말하게 되지요.
도대체 중학교 때부터 배운 영어 다 어디로 간 걸까요?

1 구미호의 둔갑

여름방학의 즐거움에 방점을 찍는 일 중의 하나는 〈전설의 고향〉 시청이었어요. 여름만 되면 으레 무서운 이야기들이 등장했어요. 예나 지금이나 간이 콩알과 경쟁 중인 저는 무서워서 이불을 준비해 놓고 봐야 하면서도 절대 빼먹지 않고 그 TV 프로를 보곤 했지요. 정말 좋아했어요.

특히 구미호가 나오면 신나서 만세삼창부터 하고 시청을 시작했어요. 줄거리를 이미 다 꿰고 있는데도 구미호 얘기는 항상 재밌고, 항상 무섭고, 항상 슬펐어요.

그렇게 저의 여름을 즐겁게 해 주던 구미호는 이제 우리의 영어에까지 등장해서 아예 고정 자리를 꿰찰 예정이랍니다. 저랑 하시는 영어 공부에서 구미호는 최고의 친구가 될 거예요. 왜냐! 이 구미호가 영어의 '웬수'인 to부정사, 동명사, 분사의 문제를 해결할 예정이거든요.

사실 지금까지 했던 문법들은 피라미고요. 지금부터 구미호와 함께 하는 to부정사, 동명사, 분사 공부가 우리의 영어를 쌈박하게 만들어 줄 거예요.

일단 우리의 문법을 반짝반짝 빛나게 해 줄 구미호의 기본 사연부터 한번 들여다볼까요?

구미호는 꼬리가 아홉 개 달린 여우예요. 그리고 미모가 좀 되는 여우지요. 이 미모의 여우 양은 맘까지 비단결이라지요? 말리는 아빠, 오빠를 뒤로하고 그녀는 사람 사는 곳으로 내려가요. 사람이 되기 위해서요. 이때 한 가지 해야 할 일이 있어요. 바로 둔갑이에요. 한 바퀴 휙 돌면 사람으로 변한다지요. 진짜 무서웠어요.

그렇게 내려온 구미호는 반드시 홀어머니를 모시고 사는 착한 총각을 만나요. 그리고 물 한 그릇 떠다 놓고 부부의 연을 맺은 후에 같이 살지요.

유부녀가 된 구미호 여사는 다른 기혼녀들처럼 살림을 시작합니다. 밥하고 빨래하고 바느질하고 시어머니도 극진히 모시고, 다 좋아 보이지만 우리의 구미호에겐 결정적인 문제가 있어요. 식사를 못 해요. 둔갑을 했다 해도 그건 겉모습이 바뀐 것일 뿐, 속은 여우 그대로였거든요. 다른 건 사람 비슷하게 흉내를 냈지만 사람처럼 콩나물, 김치, 깻잎 등을 먹을 수가 없었던 거예요. 외국 생활을 그리 오래 해도 김치를 정기적으로 먹어 주어야 하는 우리네랑 비슷해요.

식사를 제대로 할 수 없던 구미호는 임시방편으로 동네 닭이나 가축들을 잡아먹다가 소문이 흉흉해지자 무덤 출입을 시작한답니다. 한밤중에 남들이 다 잘 때 산 위로 막 달려가요. 그러다가 휙 돌아보면 눈이 시뻘개서 그걸 보는 저는 어찌나 무서웠던지……. 사람 되기가 참 쉽지 않네요.

그렇게 해서 구미호가 결국 사람이 되었는지는 중요하지 않아요. 우리는 딱 여기까지만 알면 되거든요.

자, 정리를 해 보면요,

구미호는 여우인데 둔갑을 해서 사람 행세를 해요. 겉모습은 사람 같지만 절대 사람은 아니에요. "너 뭐니?"라고 물으면 구미호는 당연히 "사람"이라고 대답하겠지요? 암만 그래도 우리는 구미호가 여우라는 거 다 알고요.

to부정사, 동명사, 분사의 운명이 구미호랑 비슷해요. 딱 봐도 동사인 이 아이들은 자기가 동사라고 말할 수 없어요. 명사, 형용사, 부사라는 이름을 말해야 한답니다.

둔갑 to부정사, 동명사, 분사
→ 명사, 형용사, 부사

여기 sleeping baby라는 말이 있어요. baby는 명사인데 sleeping은 뭐라고 부르죠? '자다'라는 동사의 뜻을 가진 이 단어는 당연히 동사지만 동사라고 부를 수 없어요. 형용사라고 불러야 한답니다. 좀 더 정확히 이름을 부르자면 현재분사예요.

이렇게 딱 봐도 동사인 것들을 동사라고 부르지 못하고 명사, 형용사,

부사라고 불러야 하는 사태가 발생하는데 이게 바로 to부정사, 동명사, 분사의 경우랍니다.

구미호는 속은 여우인데 겉은 사람이고요. to부정사, 동명사, 분사는 속은 동사인데 겉은 명사, 형용사, 부사랍니다.

구미호는 둔갑을 해서 여우에서 사람이 되었고요. to부정사, 동명사, 분사는 둔갑을 해서 동사에서 명사, 형용사, 부사가 되었답니다.

구미호는 겉은 사람이 되었어도 속이 여우라 식사를 사람처럼 할 수가 없어요.

to부정사, 동명사, 분사는 아무리 명사, 형용사, 부사로 불러도 원래 동사라 동사 일도 해야 한답니다.

뭔가 아픔이 느껴지네요. 제대로 하면 별것 아닌데 정리가 안 되면 우릴 평생 괴롭히는 것이 바로 구미호를 닮은 to부정사, 동명사, 분사랍니다.

2 구미호와 홍길동

지금부터 말씀드리려는 두 사람의 슬픈 운명 때문에 억장이 무너져요. 시작도 하기 전에 벌써 눈물이 앞을 가리네요.

한 사람은 이미 소개했던 구미호 양이에요. 아, 양이라는 호칭은 적당하지가 않군요. 결혼을 한 몸이니까 미세스 구가 맞겠어요.

미세스 구가 너무 가여웠어요. 먹지 못하는 괴로움을 어디에 비할까요. 더구나 한밤중에 무덤을 드나들며 혼자서 급하게 식사를 했을 터이니 소화나 제대로 시켰을까 싶어요. 세상에 이보다 더 애달픈 얘기는 없다고 생각해요. 흑!

이름 석 자를 내놓고 말할 수 없었던 그녀. 둔갑을 한 뒤부터 멀쩡한 이름 구미호를 두고 사람이라고 말해야 했던 잔인한 운명……. 이름이 이렇게 중요한 것이로군요. 이름을 제대로 드러내지 못하는 슬픔이 이다지도 깊고 처절한 것이었군요.

미스터 홍의 운명도 미세스 구만큼이나 처절해요. 그의 잔인한 운명 역시 이름과 무관하지 않아요. 미세스 구와는 달리 그는 자신의 이름은 떳떳하게 말할 수 있었어요. 그런데 가장 가까운 두 사람의 호칭을 제대로 부를 수 없었어요. 여러분들도 들어 보셨을 거예요. 아버지를 아버지라 부르지 못하고 형을 형이라 부르지 못했던 길동 군의 안타까운 사연을요.

호부호형을 못 하는 것 때문에 잔뜩 열 받은 우리의 미스터 홍은 그 여파로 바람직하지 못한 직업 선택이라는 초강수까지 두게 되지요. 아무리 조선시대라고 해도 세상은 넓고 직업은 많았을 것인데 어찌하여 도둑이라는 직업을…….

아무리 가난한 사람을 도와주는 일을 해도 도둑은 도둑이지 않겠어요? 세상이 아무리 그를 칭송해도 한낱 어미인 저는 아무래도 그의 직업이 마음에 걸려요. 흑흑!

이름을 제대로 부르지 못한 것이 그렇게 쓰라렸던가요? 대체 이름이 뭐라고! 아버지를 아버지라 부르지 못하고 형을 형이라 부르지 못하는 것이 도대체 뭐라고.

제가 아끼는 to부정사, 동명사, 분사의 운명도 둘의 운명을 닮았어요. 멀쩡히 동사인 그들은 to부정사, 동명사, 분사로 둔갑하여 새로운 이름을 부여받고 살아야 한답니다.

그들은 이제 동사라는 이름을 가지지 않아요. 동사라는 타고난 이름 대신 명사, 형용사, 부사라는 이름을 가지게 돼요. 그런데 그게 마냥 쉽지만은 않네요.

① 동사였다가 to부정사로 둔갑을 하면 명사, 형용사, 부사 자리로 가서 명사, 형용사, 부사라는 이름을 가지고 살아야 한답니다. 속은 완전히 동사지만 "저는 명사예요", "저는 형용사예요", "저는 부사예요"라고 말해야 하는 슬픈 운명을 지니게 돼요.

② 동사였다가 동명사로 둔갑을 하면 명사 자리로 가서 명사라는 이름을 가지고 살아야 한답니다. 딱 봐도 동사인데 "저는 명사예요"라고 답해야 하는 얄궂은 운명이라니! 그래도 명사, 형용사, 부사라는 세 가지 이름으로 정신없는 to부정사보다는 양반이네요.

③ 동사였다가 분사로 둔갑을 하면 형용사 자리로 가서 형용사라는 이름을 가져요. "저는 형용사예요"라고 말해야 하는 분사의 애달픈 심정이 이해가 가시나요?

이름에 상당한 문제들을 가진 미세스 구, 미스터 홍, to부정사, 동명사, 분사들은 하나같이 우리의 심금을 울립니다. 특히 to부정사, 동명사, 분사는 영어의 탄탄대로에 초장부터 재를 뿌리는 말썽쟁이들이기도 해요.

그런데요, 이 삼 형제에게 명사, 형용사, 부사의 이름만 제대로 붙여 주면 어느 순간 놀라운 변신을 하게 된답니다. 영어의 앞길을 가로막는 말썽쟁이에서 황홀한 비상을 가능케 하는 영어의 날개로!

이제 그날이 멀지 않았어요.

to부정사, 동명사, 분사의 역할

50번 쓰기

1. to부정사 : 명사, 형용사, 부사의 역할
2. 동명사 : 명사의 역할
3. 분사 : 형용사의 역할

4. 동사가 명사의 역할을 할 경우 : to부정사, 동명사
5. 동사가 형용사의 역할을 할 경우 : to부정사, 분사
6. 동사가 부사의 역할을 할 경우 : to부정사

3 to부정사, 동명사, 분사의 간단한 해석

저는 간단한 걸 사랑해요. 복잡한 거 별로예요. 제가 특히 좋아하는 간단한 일이 뭔지 아세요? 다름 아닌 영어 해석이랍니다.

설마라고요? 정말이에요. 저는 복잡한 것만큼이나 거짓말도 싫어하거든요.

영어 해석을 간단하게 만들려면 일단 100% 완벽한 해석을 포기하셔야 해요. 그럼 확실히 간단해져요. 포기하기로 결심하신 분들만 다음 내용을 읽어 주세요.

자, 그럼 시작할까요? 일단 복습부터 하고 넘어갈게요.

① 전치사구를 버린다.
② 부사를 버린다.
③ 접속사를 찾아 최소한의 한 절을 찾는다.
④ 주어, 동사를 찾는다.
⑤ 동사에 이름을 붙인다.
⑥ 5형식의 개념으로 문장을 해석한다.

이게 지금까지 말씀드렸던 기본 해석 원리고요. 오늘은 다른 해석 방법을 보려고 해요.

① 영어의 구조는 단어, 구, 절이 전부다. 일단 단어, 구, 절을 찾는다.

단어 : 뜻을 이루는 한 단위. 예) book
구 : 하나의 뜻을 형성하는 단어 그룹. 예) this morning
절 : 주어 하나 동사 하나를 가진 문장. 예) You speak English.

② 단어, 구, 절의 이름을 불러 준다. 동사를 제외한 단어, 구, 절은 반드시 명사, 형용사, 부사의 이름을 가진다.

단어 : 명사, 형용사, 부사 중 하나 (동사는 제외)
구 : 명사구, 형용사구, 부사구 중 하나
절 : 명사절, 형용사절, 부사절 중 하나

③ to부정사, 동명사, 분사도 반드시 명사, 형용사, 부사의 이름을 가진다.

뭐, 새롭지는 않네요. 그런데 우리는 이제 본격적으로 명사, 형용사, 부사를 개입시켜서 문장을 해석하려고 해요.

사실 명사냐 형용사냐 부사냐를 따지는 일은 생각보다 쉬워요. 그런데 to부정사, 동명사, 분사에 명사, 형용사, 부사의 이름을 주는 일은 쉽지 않아요. 이름을 주는 일도 만만치 않지만 뭐가 to부정사고 뭐가 동명사, 분사인지도 사실 구별이 어려울 때가 있어요.

분사에는 현재분사, 과거분사 두 가지가 있어요. 그러니까 결국 네 가지의 형태가 되는 거네요. to부정사, 동명사, 현재분사, 과거분사.

앗! 그런데 동명사와 현재분사는 똑같이 생겼네요?

이름 부르는 일이 너무 중요한데, 똑같이 생긴 저 아이들은 어떻게 구분해서 부르지요?

걱정 마세요. 다 방법이 있어요. 몇 페이지 뒤에 나올 거예요. 일단 지금 배운 해석의 기본 방법만 분명하게 기억해 주세요.

영어 해석의 기본 원칙

5번 쓰기

1. 단어, 구, 절을 분간해서 거기에 명사, 형용사, 부사의 이름을 주면 해석은 그게 전부!

2. 단어, 구, 절은 반드시 명사, 형용사, 부사의 이름을 가진다.
   ① 단어 – 명사, 형용사, 부사
   ② 구 – 명사구, 형용사구, 부사구
   ③ 절 – 명사절, 형용사절, 부사절

3. to부정사, 동명사, 분사도 반드시 명사, 형용사, 부사의 이름을 가진다.
   ① to부정사 : to + 동사원형
   ② 동명사 : 동사원형 + ing
   ③ 분사 : 현재분사 : 동사원형 + ing
   과거분사 : 동사원형 + ed

4 동사의 운명

로미오의 운명은 줄리엣이었어요. 만일 로미오가 뒷집 제인도 좋아하고 어릴 때부터 다이애나도 은근 마음에 두어 왔다면 줄리엣과 그리도 소란스러운(?) 사랑을 하지는 않았겠지요?

줄리엣 아니면 죽음! 운명적 선택은 이렇듯 종류가 간단해요.

얄궂은 운명으로 고뇌했던 햄릿 앞에 놓인 것도 죽느냐 사느냐, 두 가지의 선택뿐이었어요.

운명은 이렇게 모 아니면 도예요. 간단해요.

동사의 운명도 그래요. 동사는 시제 변화 아니면 둔갑, 딱 두 가지뿐이에요.

문장 해석을 하다가 동사를 만났어요. 그런데 그 동사가 You speak English 시제 공식에서 만났던 형태가 아니라면 그건 무조건 둔갑이랍니다. 둔갑은 to부정사, 동명사, 분사로서 출신이 동사인데도 불구하고 명사, 형용사, 부사로 쓰이는 것을 말해요.

사실 영어 문법이 우리에게 부담스러운 것은 동사의 책임이 커요. 아니, 거의 대부분 동사의 책임이라고 봐야 한답니다. 동사는 말 그대로 '웬수'지요.

그러나 동사를 운명적인 두 개의 선택, 시제 변화와 둔갑으로 나누어 놓고 생각하면 그리 어렵지도 않아요. 아무리 지저분한 집도 일단 여기저기 널린 물건들을 방방으로 나누어 놓고 치우다 보면 조금씩 정리가 되는 것처럼, 영영 처치곤란처럼 보이는 동사들도 일단 시제 변화와 둔갑이라는 방을 만들어 놓고 치우기 시작하면 쉽게 해결할 수 있어요.

어떤 단어가 동사로 태어났는데 시제 변화로 쓰이지 않았다면, 이제 우리는 무조건 둔갑으로 해결할 거예요.

예문을 몇 개 볼까요?

■ I want to speak English.

나는 영어로 말하기를 원한다

이 문장에서 동사는 두 개예요. want와 speak.

일단 want는 시제 변화를 했어요. 단순현재네요. 그런데 speak는 시제 변화는 아닌 것 같아요. 바로 앞에 to가 있으니 to speak는 to부정사 형태랍니다.

시제가 아니니 to부정사는 둔갑형이겠지요. 동사지만 동사로 쓰이지 못하고 명사나 형용사, 부사로 쓰였다는 얘기고요.

여기서 to speak는 명사의 일을 하고 있어요. 명사가 갈 수 있는 자리는 주어, 보어, 목적어, 전치사 뒤인데 명사가 된 to speak는 목적어 자리로 갔답니다.

■ I like this baked potato.

나는 이 구운 감자를 좋아한다

이 문장에도 동사는 like와 baked 두 개가 있어요. like는 시제 변화, baked는 둔갑이에요.

like는 단순현재이고 baked는 과거분사로서 형용사로 쓰였어요. 분사가 형용사로 쓰인다는 것 기억하시지요?

일단 여기선 '동사의 운명은 시제 변화와 둔갑'이라는 것을 다시 한 번 기억해 주세요. 복잡한 것 같지만 정리를 해 나가다 보면 아무것도 아니라는 것도 같이요.

명사, 형용사, 부사, 5형식 등도 공부하고 있지만 그것들은 문제를 일으킬 소지가 별로 없어요. 그리고 사실은 굳이 명사냐, 형용사냐, 부사냐를 따지지 않아도 해석하는 데 큰 지장이 있는 것도 아니고요.

그러나 우리는 명사, 형용사, 부사를 아주 정성스럽게 공부할 거예요. 그 이유는 바로 둔갑형 때문이랍니다. 결국 동사 때문에 명사, 형용사, 부사를 배우는 셈이죠. 둔갑해서 가는 곳이 명사, 형용사, 부사 자리이기 때문에 그 개념을 확실히 알아야만 하는 거예요.

전치사구를 버리고 부사들을 버리면 명사, 형용사가 남는데 형용사도 해석을 위한 특별한 기술 같은 게 필요하지는 않아요. 그냥 단어의 뜻만 알고 자리에만 신경을 조금 써 주면 아무 문제없어요. 형용사 얘기도 곧 더 자세히 할 거예요.

명사는 주어, 보어, 목적어 자리와 전치사 뒤로 가는데 전치사구는 일단 제쳐 놓고 주어, 보어, 목적어를 해석하는 법을 알아 둘 필요가 있어요.

근데 뭐, 별거 없어요. 이미 보셨던 내용들이고요.

① 명사가 동사 앞에 있으면 주어. 해석은 '~은/는/이/가'를 붙인다.

예) The pen is black.
동사 is 앞의 the pen은 명사이면서 주어. '펜은 검다'로 해석.

② 불완전자동사 뒤에 오는 명사는 보어. 별다른 해석 없이 불완전자동사에 붙이면 된다.

예) This is a book.
명사인 a book은 불완전자동사 is 뒤에 있어서 보어. 그대로 붙여서 '이것은 책이다'로 해석.

③ 목적어는 두 가지로 해석할 수 있다. '~에게'로 해석하는 간접목적어, '~를/을'로 해석하는 직접목적어.

예) Tom loves Jane.
동사 뒤에 오는 하나의 명사는 그 동사가 불완전자동사가 아니면 무조건 목적어로 간주. 그래서 Jane은 목적어이고 '톰은 제인을 사랑한다'로 해석.

예) I gave Tom a book.
gave는 대표적인 수여동사. 수여동사 뒤에는 두 개의 목적어가 나오는데 간접목적어, 직접목적어 순. 그래서 '나는 톰에게 책을 주었다'로 해석.

결국 영어를 명사, 형용사, 부사, 동사라는 큰 틀로 보면 명사에 주어, 보어, 목적어의 이름을 주는 일 외에는 원칙적으로 문제가 없어요. 그런데 동사로 태어난 아이들이 시제 변화로 쓰이지 않고 둔갑을 하여 to부정사, 동명사, 분사가 되어 명사, 형용사, 부사 자리로 가면 얘기가 좀 복잡해지는 거예요. to부정사, 동명사, 분사에 명사, 형용사, 부사의 이름을 주는 것이 쉽지만은 않으니까요.

그게 쉽지 않은 이유는 뭘까요? 일단 쓰기를 통해 정리해 주세요.

동사의 운명

15번 쓰기

1. 동사의 운명은 시제 변화와 둔갑, 딱 두 가지이다.

2. 시제 변화는 You speak English 시제 공식으로 해결한다.
   이름을 부르고 하는 일을 이해한다.

3. 둔갑이란 동사로 태어나서 to부정사, 동명사, 분사가 되어 명사, 형용사, 부사의 일을 하는 것이다.

4. **I want to speak English.**
   (want – 시제 변화, to speak – 둔갑)

5. **I like this baked potato.**
   (like – 시제 변화, baked – 둔갑)

6. to부정사, 동명사, 분사가 가는 곳이 명사, 형용사, 부사 자리이므로 명사, 형용사, 부사를 더욱 명쾌하게 알아 둘 필요가 있다.

7. 명사가 가는 곳 – 주어, 보어, 목적어, 전치사 뒤

8. 주어의 자리 – 동사 앞 ('~은, 는, 이, 가'로 해석)

9. 보어의 자리 – 불완전자동사 뒤 (특별한 해석 필요 없음)

10. 목적어의 자리 – 불완전자동사가 아닌 동사의 뒤
    (명사가 하나면 '~을'로 해석, 둘이면 '~에게, ~을'의 순으로 해석.)

11. 전치사 뒤의 명사 – 그대로 해석하면 된다.
    (in the garden → 정원 안에서)

5 동사의 둔갑

to부정사는 명사, 형용사, 부사 세 가지로 전부 쓰이기 때문에 당연히 골치가 아파요. 학창 시절에 to부정사 이야기를 지겹도록 들었던 이유도 바로 이거예요. to부정사는 가는 곳이 다양해요. 그러니 하는 일도 많겠지요?

예를 들어 to go라는 to부정사를 문장에서 만났다면 우리는 일단 이 to부정사가 명사일 수도, 형용사일 수도, 부사일 수도 있다는 가정 아래 문제를 해결해야 한답니다.

품사를 따지지 않아도 to부정사를 해석할 수는 있어요. 그러나 평생 감으로 to부정사를 만나야 해요. 그러느니 조금 귀찮더라도 지금 문법으로 to부정사를 다져 놓으면 영어의 세상이 훨씬 간단해져요.

조만간에 to부정사가 어떤 식으로 명사, 형용사, 부사 자리로 가는지 예문을 드릴 거예요. 손이 아프시더라도 그 예문을 무식하게! 쓰세요. 그럼 감 금방 와요.

동명사와 분사

동명사와 분사는 상대적으로 쉬워요. 동명사는 명사로만, 분사는 형용사로만 쓰이니까요. 일단 동명사다, 분사다 결정이 나면 간단한데 여기 문제가 있어요.

to부정사는 하는 일은 많아도 골라내기는 쉬워요. 그러나 동명사와 분사는 반대예요. 하는 일은 간단하지만 골라내기가 어려워요.

그 이유는 동명사와 현재분사가 같은 모양을 하고 있고, 과거분사는 과거동사와 같은 모양을 하고 있기 때문이에요.

동명사와 현재분사 분간하기

문장을 해석하다가 -ing가 나왔을 경우 그 -ing가 시제에서 쓰이면 쉽게 해석이 가능하니까(현재진행) 일단 패스하고요. -ing가 시제로 쓰이지 않았다면 동명사나 현재분사인데 이때 우리는 그 -ing가 주어나 보어, 목적어인지 혹은 전치사 뒤에 쓰인 것이 아닌지 따져 볼 거예요.

만일 -ing가 주어나 보어, 목적어로 쓰였거나 전치사 뒤에 쓰였으면 동명사고요. 아니면 무조건 현재분사로 취급할 거예요. 까만 콩 하얀 콩 생각나시죠? 까만 콩을 뺀 자리엔 하얀 콩이 남듯, 동명사가 아니면 현재분사랍니다.

예를 들어 Seeing is believing이라는 문장이 있을 때 seeing과 believing은 동명사로 간주할 거예요. seeing은 동사 앞에 쓰인 주어, believing은 불완전자동사 뒤에 쓰인 보어니까요.

일단 이렇게 찾기 쉬운 동명사를 공략해서 '동명사가 아니면 현재분사'

로 익히면서 차차 현재분사에 대해서 자세히 배우겠어요.

과거동사와 과거분사 분간하기

문장을 보다가 -ed의 형태가 나타나면 이건 과거동사이거나 과거분사, 두 가지의 가능성이 생겨요.

과거동사는 찾기가 쉬워요. 시제 변화 안에 있으니까요. 그래서 이때도 까만 콩 하얀 콩의 원칙을 사용하여 '과거동사가 아니면 무조건 과거분사' 식으로 해결할 거예요.

오늘 공부한 부분은 여러분들 기본 실력이 어느 정도냐에 따라 조금 어렵게 느껴질 수도 있어요. 일단 알면 아는 대로 모르면 모르는 대로, 제가 정리해 드리는 부분을 그냥 베껴 주세요.

단어는 해도 해도 시간이 부족하지만 문법은 그렇지 않아요. 절대 걱정 마시고요. 문법은 저에게 맡겨 주세요. 매일 똑같은 얘기만 하는 것 같지만 어느 순간 큰 골격이 만들어져 있을 거예요.

동사의 둔갑

15번 쓰기

1. 둔갑형

┌ to부정사 : 명사, 형용사, 부사
├ 동명사 : 명사
└ 분사 : 형용사

┌ 명사 : to부정사, 동명사
├ 형용사 : to부정사, 분사
└ 부사 : to부정사

2. to부정사 : to + 동사원형
   to부정사는 명사, 형용사, 부사 일을 다 한다. 그래서 많이 등장한다.

3. 동명사 : 동사원형 + ing
   동명사는 명사의 역할을 한다. 즉 명사의 자리로 가서 주어, 보어, 목적어가 되거나 전치사 뒤에 쓰인다.

4. –ing가 진행형도 아니고 동명사도 아니라면 무조건 현재분사.
   즉 –ing는 진행형, 동명사, 현재분사로 쓰인다.
   현재분사는 원칙적으로 형용사로 쓰인다.

5. –ed는 과거동사와 과거분사로 쓰인다. 구별이 쉽다.
   –ed가 시제 변화 안에 있으면 과거동사, 아니면 무조건 과거분사.

6. 동명사, 현재분사는 같은 모양을 하고 있다. (동사원형 + ing)
   과거동사와 과거분사도 같은 모양을 하고 있다. (동사원형 + ed)

4. 분사의 운명

원래 둔갑 나라에 사는 to부정사, 동명사, 분사들은
명사, 형용사, 부사 일만 하고 살기로 되어 있었어요.
그런데 자꾸 시제 나라에서 조공을 바치라는 거예요.
동서고금을 막론하고 나라의 규모가 작으면 참 살기가 힘들어요.
결국 분사들이 희생을 하기로 했어요.
그래서 둔갑 나라에서 살던 분사들 몇몇이 정든 고향을 떠나
시제 나라에 가서 살게 되었어요.
시제 나라에 정착한 둔갑 나라의 분사들은
아직도 진행형, 수동태, 완료형 일을 도우며 살고 있답니다.

1 명사, 형용사, 부사의 힘

전치사구를 버리고 부사도 버리고 접속사를 찾아 기본적인 하나의 절을 찾고, 주어 동사를 찾고 동사의 이름을 불러 주고, 그 뒤엔 5형식을 이용하여 해석을 하는 게 우리의 기본 해석 전략이었어요.

그런데 이 기본 전략은 to부정사, 동명사, 분사를 만나면 맥을 못 추고 와르르 무너지게 된답니다.

잘 가꾼 꽃밭이 허리케인 한 번에 순식간에 작살이 나는 것처럼 to부정사, 동명사, 분사는 문법을 이해하려는 우리의 모든 노력을 비웃곤 하죠. 아무리 다른 문법들을 열심히 공부해도 우후죽순으로 들이닥치는 to부정사, 동명사, 분사들은 당해 낼 재간이 없어요.

바닷가에 뭐하러 살지? 폭풍이 몰아치면 다 잃게 되는데, 하는 생각이 든 적이 있었어요. 외우면 뭐하지? 곧 다 잊어버리는데, 하는 생각으로 허망해하던 시절도 있었고요. 그럼에도 바닷가에는 오늘도 많은 사람들이 살고 있고, 잊어버림에도 불구하고 오늘도 열심히 외우는 우리들도 있네요.

생각해 보면 산다는 건 얼마나 가슴 벅찬 일인가요. 다 무너질 수도, 다 잊어버릴 수도 있는 무서운 가능성 속에서도 희망을 가지고 살잖아요. 그리고 다 무너진 상황 속에서, 또는 다 잊어버린 상황 속에서도 다시 일어나 무너진 곳에 뭔가를 세우고, 잊어버리고 나서는 또다시 외우길 반복하잖아요.

무너질까 봐, 혹은 잊어버릴까 봐 주저앉아 마냥 울고만 있는 게 아니라 무너져도 다시 일어나고 잊어버려도 다시 반복하는 것이 곧 삶의 의미이고, 이유이고, 나아가서는 삶의 위대함이 아닐까요? 생각할수록 참 즐겁고, 사는 게 감사해요.

다 무너진 상황 속에서도 다시 일으켜 세울 수 있는 건 실제로 일으켜 본 경험이 있어서예요. 잊어버려도 다시 외우면 더 빨리 외울 수 있고, 그렇게 반복하다 보면 결국엔 외워진다는 믿음이 우리로 하여금 끝없이 외우고 잊어버리고 또 외우기를 반복하게 하는 힘이겠지요.

중요한 건 지금 가지고 있는 눈에 보이는 것들이라기보다는 우리의 소중한 경험이 아닐까 해요. 세워져 있는 뭔가가 아니라 세울 수 있는 힘, 외우고 있는 뭔가가 아니라 외우고 있는 우리의 노력, 잊어버려도 다시 보면 더 빨리 외울 수 있고 결국엔 외워진다는 우리의 확신…….

결국 중요한 것들은 눈에 잘 보이지 않는 것들이 아닐까요.

명사, 형용사, 부사의 힘

천하에 해결하기 힘들어 보이는 to부정사, 동명사, 분사는 우리가 그동안 공부했던 명사, 형용사, 부사 그리고 5형식의 힘으로 해결할 거예요.

그러니까, 그 어렵다는 to부정사, 동명사, 분사를 공부하기 위해서 뭔가를 다시 특별하게 배우는 게 아니고요. 명사, 형용사, 부사의 개념을 이용하여 to부정사, 동명사, 분사를 해결할 거예요. 어차피 to부정사, 동명사, 분사가 가는 곳이 명사, 형용사, 부사 자리이기 때문이랍니다.

천 리 길도 한 걸음씩 가다 보면 결국은 도착하고 봄이 오면 여름도 오는 것처럼 to부정사, 동명사, 분사도 명사, 형용사, 부사를 잘 이해하고 있으면 어렵지 않게 해결할 수 있어요. 우리는 서두르지 않고 계속 명사, 형용사, 부사의 개념으로 to부정사, 동명사, 분사를 때려잡을 거예요.

다시 한 번 말씀드리지만 to부정사, 동명사, 분사는 반드시 명사, 형용사, 부사와 연결해서 생각해 주어야 한답니다. 그렇지 않고 개별적으로 생각하다 보면 to부정사, 동명사, 분사는 천 가지 만 가지의 모양을 가진 괴물처럼 보이게 되거든요.

수만 가지의 모양을 가진 것 같던 시제 변화가 You speak English 시제 공식으로 가지런히 정리되던 걸 기억하시나요? to부정사, 동명사, 분사도 명사, 형용사, 부사의 개념을 이용해서 가지런히! 정리할 거예요.

영어는 명사, 형용사, 부사 그리고 동사의 쇼!

영어는 결국 명사, 형용사, 부사의 개념만 알고 있으면 원칙적으로 다 해결되게 되어 있어요. 그런데 여기 동사가 더해지고 동사로 태어난 것들 중 몇몇(to부정사, 동명사, 분사)이 시제 변화를 하지 않고 둔갑해서 명사, 형용사, 부사 자리로 가는 바람에 간단하던 영어가 복잡하게 느껴지는 거랍니다.

간단한 세상, 간단한 영어 문법

코끼리를 냉장고에 넣는 3단계를 아시나요?

냉장고를 연다.
코끼리를 넣는다.
닫으면 끝!

냉장고 문을 연다.

냉장고에 코끼리를 넣는다.

냉장고 문을 닫는다!

너무 간단하지요? 일단 방법을 알았으니 이제 코끼리를 넣을 냉장고만 준비하면 되겠군요. 저는 이렇게 간단한 답을 좋아해요.

자, 이젠 to부정사, 동명사, 분사 해결하는 법을 다시 정리할까요?

① 명사, 형용사, 부사의 개념을 잡는다. 쉽다.

② to부정사, 동명사, 분사의 모양을 이해한다. 배웠다.

③ 동사의 성질을 이해한다. 이것도 대단히! 쉽다. 곧 배운다.

④ 동사의 성질을 가진 채 어떻게 명사, 형용사, 부사 일을 하는지 공부한다.

영어 문법에 어려운 건 없다니까요. 물론 시간이 좀 걸리는 애들이 있긴 해요. 그래도 평생 못하는 거보다 시간 좀 들이는 편이 낫겠지요? 아, 손가락도 좀 아프긴 하겠네요.

to부정사, 동명사, 분사

20번 쓰기

1. to부정사, 동명사, 분사는 동사의 둔갑이며
   명사, 형용사, 부사 일을 한다.

2. 둔갑은 동사 출신이어서 동사의 성질을 고스란히 지닌다.

3. 둔갑의 하나인 분사는 시제 일도 한다.

4. 분사에는 현재분사와 과거분사가 있다.

5. 동사원형 + ing 형태인 현재분사는 형용사 일 외에도
   시제의 일인 진행형을 돕는다.
   You are speaking English에서 speaking은
   진행형에 쓰인 현재분사.

6. 동사원형 + ed 형태인 과거분사는 형용사 일 외에도
   시제의 일인 수동태, 완료형을 돕는다.
   English is spoken by you에서 spoken은 수동태에 쓰인 과거분사.
   You have spoken English에서 spoken은 완료형에 쓰인 과거분사.

2 과거분사의 쓰임 (1)

■ I was satisfied.

이 문장은 문법으로 어떻게 따질까요? 언뜻 보기에는 '나는 만족했다'라고 간단하게 해석할 수 있는 문장이에요. 하지만 문법적으로 여러 가지를 생각하게 하는 문장이 될 수 있어요.

해석이 다 됐는데 문법적인 게 의미 있을까?라는 생각이 들 수도 있겠지요. 하지만 이런 문장부터 문법을 따져 놓으면 비슷한 문장이 나올 때 명쾌하게 해석할 수 있을 뿐만 아니라, 무엇보다 나중에 영작을 할 때 마음껏 활용할 수 있어요. 완전히 내 것이 되는 거죠.

먼저 be동사에 대해 되새겨 볼까요? be동사는 불완전자동사로 많이 쓰이며 다양한 형태로 변화해요. 하지만 뜻은 '~하다, ~이다, ~에 있다' 세 가지뿐이에요. 이렇게 간단한 뜻을 가진 be동사가 우리를 정신없게 하는 이유는 시제 변화의 자리에서 뜻 없이 사용되면서 가끔 우리를 헷갈리게 만들기 때문이에요.

예를 들면 You have been speaking에서 been은 아무런 뜻이 없어요. 뜻은 speaking이 가지고 있어요. been은 speak의 진행형을 만들어 주기 위해서 있는 거예요.

have도 뜻이 없어요. 완료형을 만들어 주기 위해 나온 거예요. 뜻은 본동사만이 가져요. 동사가 여러 개 이어질 땐 맨 마지막 동사가 본동사라는 거, 기억하시죠?

I was satisfied의 정체

I는 주어예요. 주어 자리에는 명사만 갈 수 있어요. I는 대명사로서 주어 자격이 충분해요.

be동사에 속하는 was는 불완전자동사로 쓰였어요. be동사는 완전자동사, 불완전자동사 두 가지로 쓰이는데 여기선 불완전자동사예요. 뒤에 satisfied라는 형용사가 왔기 때문이에요. satisfied는 보어 자리에 쓰인 형용사지요.

그런데 좀 찜찜해요. satisfied의 동사원형은 satisfy잖아요. 이거 '만족시키다'라는 뜻의 동사 아닌가요?

satisfy, satisfied…… 동사? 형용사?

satisfy는 동사예요. '만족시키다'라는 뜻의 타동사랍니다. 타동사가 별건 아니고요. 뒤에 '~을'에 해당하는 목적어가 오게 생겼으면 그걸 타동사라고 부른답니다.

이를테면 '나는 너를 만족시키다'라는 문장이 가능하겠지요. 여기서 '너를'이 목적어니까 '만족시키다'는 타동사가 되는 거예요.

satisfied는 분명 satisfy에서 출발한 걸로 보여요. 이 멀쩡하게 생긴 동사가 y를 빼고 ied로 슬쩍 바뀌었다고 형용사가 된 거네요. 도대체 어떤 이유로?

| 동사의 3단 변화

어린 시절 학교에서 3단 변화를 열심히 썼던 거 기억나시나요? 우리가 그때 쓰던 3단 변화는 불규칙이랍니다. 규칙형은 너무나도 간단해서 쓸 필요조차 없어요.

3단 변화는 동사원형－과거－과거분사의 형태예요. 예를 들어 help라는 동사의 3단 변화를 보면 다음과 같아요.

help – helped – helped

앗! 과거와 과거분사가 똑같이 생겼네요? 맞아요. 똑같이 생겼어요. 여기에서 수많은 영어의 아픔이 탄생을 한답니다. 정말 욕 나오는 원칙이에요.

과거와 과거분사가 똑같이 생겨 버림으로 인해서 생기는 아픔은 차차 해결하기로 하고요. 일단 이 말만 기억해 주세요. 아프니까 영어다!

어쨌든 이렇게 동사의 과거와 과거분사는 똑같이 생긴 게 원칙이지만 불규칙에서는 종종 다른 모양의 것들이 등장을 해요. 예를 들어 speak가 그래요.

speak – spoke – spoken

반갑지요?

우리가 오늘 공부하는 satisfy는 규칙형에 속해요. 규칙형은 원래 동사 원형에 ed만 붙이면 되는데, y로 끝나면 특별히 y를 i로 고친 후 ed를 붙인다는 원칙이 있어서 다음과 같이 되었어요.

satisfy – satisfied – satisfied

다시 I was satified로 돌아와 볼까요? I는 주어고 was는 불완전자동사로 쓰인 be동사예요. 그리고 형태로만 본다면 satisfied는 과거동사이거나 과거분사이거나 두 가지의 가능성이 있어요. 뭘까요?

답은 과거분사예요.

그러니까 이 문장은 be동사(was) + 과거분사(satisfied)의 형태인 거지요.

가만! 이거 어디서 많이 본 형태인데요? be동사 + 과거분사면 수동태 아닌가요?

맞아요. 그래서 원칙적으로 I was satisfied는 수동태의 문장이에요. 그런데 저는 앞에서 satisfied가 형용사라고 했어요. 이게 대체 어찌된 일이지요?

사실 이 문장은 수동태로 이해하는 것도 가능해요. 그런데 왜 저는 주어 + 동사 + 보어의 형태로 분석했을까요?

궁금하시더라도 참고 일단은, 과거분사 공식부터 열심히 써 주세요.

과거분사 공식

15번 쓰기

1. **I was satisfied.**

   I : 주어

   was : 불완전자동사

   satisfied : 보어, 형용사, 과거분사

2. 동사의 3단 변화 : 동사원형 – 과거동사 – 과거분사

3. 규칙동사는 과거동사, 과거분사 모두 동사원형에 ed를 붙인다.

   예) help – helped – helped

4. –y로 끝나는 동사는 y를 i로 바꾸고 ed를 붙인다.

   예) satisfy – satisfied – satisfied

5. 불규칙동사는 (쓰다가 익숙해지는 단계를 거쳐) 외워야 함.

   예) speak – spoke – spoken

3 과거분사의 쓰임(2)

애틀랜타는 처음 만나는 순간부터 좋았어요. 그때가 12월이었는데 겨울 하늘이 어찌나 높고 푸르고 상쾌하던지요. 어쩌다 그런 게 아니라 늘 그렇다는 걸 알고는 완전 사랑에 빠졌어요. 어딜 가나 나무들이라 도시 전체가 하나의 수목원이라 불리는 널찍하고 여유로운 이곳을 정말 사랑해요.

'쓰메바 미야꼬(すめばみやこ [住めば都] ; 살면, 또는 정 들면 고향)'라는 일본 속담이 있어요. 맞는 말이라고 생각해요. 애틀랜타도 고향이고요, 전에 살았던 파리 교외도 고향이에요. 고향이 많은 저는 그래서 항상 마음이 따뜻해요.

그런데 처음부터 그렇지는 않았어요. 처음엔 진짜 내 고향과 자꾸만 비교가 되더라고요. 언제부터 그렇게 조국을 사랑했다고, 무조건 한국을 기준으로 삼고 조금만 다르면 쉽게 골을 내곤 했었어요. 익숙한 곳을 떠나 새로운 것들에 적응하는 게 쉽지만은 않았어요. 그러나 타향살이도 시간이 약이어서, 살다 보니 좋은 것들도 많네요.

그래서 지금은 진짜 고향은 고향대로, 새로운 고향은 고향대로 다 사랑해요.

오랜 세월 타향에 살면서 깨달은 건 '뭐든 내가 바꿀 수는 없다'였어요. '내가 바뀌어야 한다!'로 생각을 바꾸어야만 살아남을 수 있고, 그래야 행복할 수 있다는 현실을 인정한 거지요.

생각해 보면 언어도 그래요. 처음에 배울 때는 낯설어서 골이 날 수도 있어요. 왜 이따위(?)로 만들었지? 하는 생각이 시도 때도 없이 치밀어 오르기도 해요. 그러나 생각을 바꾸어 차이를 인정하고 거기에 나를 맡기면 의외로 쉽게 해결이 날 거예요.

아뢰옵기 황송하오나, 여러분들 중 대부분은 저의 단어 실력을 따라잡기가 쉽지 않으실 거예요. 저는 평생 단어 공부를 해 온 데다가 외국어도 다양하게 해서 외국어에 엄청 강하거든요.

다시 한 번 황송하오나, 저의 숙어 실력도 쉽게 따라잡지 못하실 거예요. 오랜 세월 별의별 숙어들을 다 만나 씨름하고 수없이 수업을 해 댄 저의 시간을 따라잡기는 아무래도…….

그러나 저의 문법 실력은 따라잡으실 수 있어요. 그것도 쉽게! 이과 마인드가 강하신 분들은 오히려 저보다 더 잘하실 수도 있어요. 문법은 그렇게 만만한 것이랍니다.

마음가짐이 중요해요. 우리말하고 당연히 다른 문법 구조에 골을 내시면 안 돼요. 다른 게 당연하다고 인정하는 여유가 필요해요. 그리고 그냥 시간을 들여서 꾹 참고 들여다보는 거예요. 그럼 반드시 좋아져요.

영어 문법은 대부분 너무 간단해요. 어렵다고 느끼는 분들은 안 하셔서 그런 거지 어려워서가 절대 아니에요.

물론 난해한 부분도 있기는 해요. 그중 하나가 바로 분사랍니다. 가시에 손을 찔리면 찔린 부위뿐 아니라 주위가 다 붓고 아픈 것처럼, 영어에서는 분사가 가시예요. 공부하는 우리를 툭하면 찔러요. 분사 때문에 영어 문법 전체가 얼얼할 수도 있어요. 분사를 잘 해결하는 일이 무엇보다 중요해요.

그런데 분사는 둔갑 중 하나이고, 둔갑은 동사의 한 부분이지요. 분사를 잘 해결하면 가시가 빠지는 것이고요. 가시가 일단 빠지고 나면 덩달아 부었던 나머지 부위들도 서서히 가라앉고 좋아질 거예요.

분사! 분사를 해결해야 해요!

동사에서 출발한 분사는 생긴 게 동사처럼 생겼고 뜻도 동사지만 형용사 일을 해요. 주 임무는 형용사지만 때로 시제 변화에 관여하기도 한다고 전에 말씀드렸어요.

분사에는 현재분사, 과거분사가 있어요.

분사

현재분사

동사원형에 ing를 붙인 형태.

형용사 일을 하고, 시제 변화에 관여할 때는 진행형의 자리에 간다.

과거분사

동사원형에 ed를 붙인 형태.

형용사 일을 하고, 시제 변화에 관여할 때는 완료형과 수동태의 자리에 간다.

언뜻 보면 그리 속을 썩일 것같이 보이지 않지만 분사는 보기보다 세요. 피로는 간 때문이고 두려운 영어는 분사 때문이에요. 심혈을 기울여 해결해야 해요.

분사는 이렇게 둔갑과 시제 변화에서 종횡무진을 하기도 하고요. 무엇보다 현재분사는 동명사와 똑같이 생겼고 과거분사는 과거동사와 똑같이 생겼다는 걸 다시 기억해 주세요. -ing를 만났을 때 동명사인지 현재분사인지를 잡아내는 일, -ed를 만났을 때 과거분사인지 과거동사인지를 잡아내는 일은 정말 치명적으로 중요한 일이거든요.

이것들을 대충 해결하고 나면 곧바로 초강력 울트라 분사 문법이 등장해요. 그 이름도 지긋지긋한 분사구문이랍니다.

그동안 꾸준히 공부한 분들은 느끼셨겠지만 저는 절대 어렵게 설명하지 않아요. 분사구문도 아귀를 딱 맞추어 설명할 거예요. 쉽게 이해하실 거예요.

그러나 아무리 쉽게 설명해 드려도 분사는 역시 만만한 산은 아니랍니다. 이해는 되는데 도통 책에서는 찾아지지 않는 '죽일 놈의 매력(?)'을 갖고 있어요. 때려잡을 수는 있지만 시간이 엄청 걸리는 녀석이지요. 반드시 마음의 준비를 해 주셔야 해요.

영어 문법의 클라이맥스는 단연 분사구문이라고 생각해요, 저는.

분사의 쓰임

20번 쓰기

1. 동사에서 출발한 분사는 생긴 건 동사처럼 생겼고 뜻도 동사지만 형용사 일을 한다.
2. 분사는 때로 시제 변화의 일에도 관여한다.
3. 분사에는 현재분사, 과거분사가 있다.
4. 현재분사 : 동사원형 + ing
5. 과거분사 : 동사원형 + ed
6. 현재분사는 형용사 일을 한다.
   시제 변화에 관여할 때는 진행형의 자리에 간다.
7. 과거분사도 형용사 일을 한다.
   시제 변화에 관여할 때는 완료형과 수동태의 자리에 간다.
8. 현재분사는 동명사와 똑같이 생김.
9. 과거분사는 과거동사와 똑같이 생김.

4 과거분사와 과거동사

■ I was satisfied.

이 문장을 다시 볼게요. was는 분명 과거동사예요. 그럼 satisfied는 뭘까요? 당연히 과거분사랍니다.

왜냐하면요, 과거동사 + 과거동사는 영어에 존재하지 않아요. 중간에 and 혹은 쉼표가 들어가면 몰라도 두 개가 절대 나란히 올 수 없어요. 생긴 걸로만 보면 satisfied도 과거동사가 될 자격이 충분하지만, 앞에 was라는 과거동사가 떡하니 버티고 있기 때문에 satisfied는 절대 과거동사가 될 수 없는 거예요.

과거동사나 과거분사로 쓰일 수 있는데 과거동사는 아니다! 그럼 뭘까요?

까만 콩 하얀 콩 얘기 기억나시죠? 아들 딸 얘기도 기억나시죠?

과거동사가 아니면 당연히 과거분사예요. 설령 과거분사라는 확신이 없더라도 과거분사라는 결론을 선뜻 내릴 수 있어요. 과거동사의 가능성이 빠진 자리에 남는 건 과거분사 하나뿐이니까요.

과거분사가 하는 일

이제 우리는 satisfied가 과거분사라는 걸 알았어요. 그런데 과거분사는 무슨 일을 하지요?

과거분사는 크게 두 가지 일을 해요. 일단 형용사 일을 하고요. 시제에 관여해서 완료형이나 수동태에서 쓰여요.

그럼 satisfied는 어떤 경우일까요?

답은 '형용사 일도 하고, 수동태에 쓰인 과거분사이기도 하다'랍니다.

두 가지 다 맞다? 어째서일까요?

이 문제를 해결하기 위해서는 우선 satisfy라는 동사에 대해 살펴볼 필요가 있어요.

satisfy는 '만족시키다'라는 뜻의 타동사예요. 그러니까 '~를 만족시키다'라는 식으로 쓸 수 있겠지요. '~를'은 목적어에 해당해요. 목적어를 가질 수 있으면 무조건 타동사예요.

깊이 생각하지 마세요. 목적어가 뒤에 올 수 있는 동사는 타동사고요. 목적어가 오지 않으면 자동사예요.

It satisfied me라는 문장에서 it은 주어, satisfied는 동사지요. me는 목적어고요. me가 왜 목적어냐고요? 문법적으로 목적격이기도 하거니와, me 앞의 satisfy는 불완전자동사가 아니랍니다. 그러니 뒤에 오는 대명사인 me는 당연히 목적어일 수밖에 없어요.

조금 더 상세히 설명드리면 1~5형식 중 동사 뒤에 뭔가 하나가 오는 형식은 2, 3형식뿐인데, 2형식이 되려면 반드시 불완전자동사가 필요해요. 그런데 satisfy는 목적어를 갖는 타동사니까 2형식이 될 수는 없겠지요? 바로 이런 때를 위해서 우리가 불완전자동사를 열심히 공부해 두었던 거예요.

아무튼 2형식이 아니니 당연히 3형식이겠지요. 3형식은 주어 + 완전타동사 + 목적어이므로 me는 목적어일 수밖에 없어요. 그리고 satisfy는 완전타동사.

타동사 앞에 '완전'이라는 말은 왜 붙느냐고요? 뒤에 보어가 없으면 완전이고요, 있으면 불완전이에요.

목적어를 가지며 수동태가 가능한 타동사

타동사는 뒤에 목적어를 취할 수 있는 동사예요. 그리고 타동사는 수동태를 만드는 것이 가능해요. 자동사는 수동태를 만들 수 없어요.

그럼 It satisfied me도 수동태가 가능하겠지요?

수동태로 바꾸면 I was satisfied by it이 돼요. You speak English 시제 공식 숙제를 제대로 하셨으면 쉽게 이해되실 거예요.

이 문장들은 어떤 뜻을 갖고 있을까요?

- It satisfied me. 그것은 나를 만족시켰다.
- I was satisfied by it. 나는 그것에 의해 만족되어졌다.

뭔가 다르게 보이긴 해도 똑같은 말이에요. 다만 주어가 바뀌었을 뿐이에요.

수동태를 생각함

우리말에는 수동태가 그리 많지 않아요. 그래서 우리에게 수동태는 만만한 문법이 아니지요. 그러나 영어에선 수동태가 아주 많이 쓰여요. 반드시 짚고 넘어가야 할 문법 중 하나예요.

별건 없고요. 일단 만들 줄을 알아야 해요. 좀 골치 아프긴 하지만 우리는 무조건 You speak English 시제 공식으로 해결할 거예요.

해석도 간단해요. '~해진다'로 해석하면 별 무리 없어요.

단, 우리말에 수동태가 별로 없기 때문에 수동태를 능동태로 바꾸어 보는 훈련이 반드시 필요해요. 능동태로 바꾸면 이해가 빨라요, 우리에게는.

I was satisfied by it의 능동태는 It satisfied me라는 걸 꼭 이해해 주세요.

전치사구의 운명

I was satisfied by it에서 by it은 종종 생략되곤 한답니다. by it은 전치사구예요. 전치사구는 문장의 주요 성분에 해당되지 않아요. 그래서 버려도 상관이 없어요. 더구나 여기에서 it은 막연한 표현이라 더욱 버리기 좋아요.

문장의 주요 성분이 아니라고 해서 전치사구를 마구 버릴 수 있는 건 물론 아니고요. 지금처럼 딱히 없어도 상관없으면 그때 버려요. 문장의 흐름에 꼭 필요하면 아무리 전치사구라 해도 버릴 수 없어요.

아무튼 I was satisfied는 원래 I was satisfied by it이 원형이라고 봐

야겠지요. 수동태에는 반드시 by가 들어가야 해요. 그게 원칙이에요. 만약 없다면 그건 원래 없는 게 아니고요, 생략한 거예요.

그리고 I was satisfied by it의 능동태는 It satisfied me고요.

자, 그런데!

satisfied는 by 대신에 with를 쓴답니다. 그래서 I was satisfied by it 대신에 I was satisfied with it이라고 해야 올바른 표현이에요. 이유 없어요. 딱히 이유를 대라고 하신다면 "숙어!"라고 말씀드리겠어요. be satisfied with!

뭔가 수렁에 푹 빠지는 듯한 느낌이 드시나요?

음……. 수렁 속으로 들어가는 것이 맞기는 해요. 그래도 일단 들어갔다가 나와야 한답니다. 그럼 한결 개운해질 거예요.

이 수렁은 생각처럼 깊지 않고요. 무엇보다 다시 나오는 즐거움이 있어요. 게다가 여러분은 지금 제 손을 잡고 계시잖아요. 절대 겁먹지 말고 덤벼 주세요.

자동사와 타동사

10번 쓰기

1. 자동사 : 목적어를 취하지 않는 동사
   타동사 : 목적어를 취하는 동사

2. 완전동사 : 보어를 취하지 않는 동사
   불완전동사 : 보어를 취하는 동사

3. 완전자동사 : 보어를 취하지 않고 목적어도 취하지 않는 동사
   불완전자동사 : 보어를 취하고 목적어는 취하지 않는 동사
   완전타동사 : 보어를 취하지 않으나 목적어는 취하는 동사
   수여동사 : 간접목적어, 직접목적어를 취하는 동사
   불완전타동사 : 보어도 취하고 목적어도 취하는 동사

4. 수동태 : be동사 + 과거분사(p.p.),
   타동사, 즉 목적어가 있는 문장만 가능함.

5. 수동태의 'by + 명사'는 문장의 주요 성분이 아니므로
   흐름에 지장을 주지 않으면 생략이 가능.

6. satisfy는 사람의 감정을 나타내는 타동사로서
   수동태에서 by 대신 with를 취한다.
   예) I was satisfied with it.

5 감정을 나타내는 형용사로 쓰이는 과거분사

분사는 하여튼 말썽꾸러기예요.

그런 분사도 하나하나 차근차근 잡아 나가면 해결이 가능하답니다.

분사를 잡기 위한 첫 번째 작전은 알고들 계시죠? 문장을 읽다가 -ing나 -ed가 나오는 순간 아래 내용을 반사적으로 떠올리고요. 그 안에서만(!) 해결책을 찾는 거예요.

-ing는 동명사이거나 현재분사

-ed는 과거동사이거나 과거분사

-ing가 동명사, 즉 명사 자리(주어, 보어, 목적어)에서 쓰이지 않았으면 무조건 현재분사예요. "얘는 현재분사다!"도 물론 좋지만요, "동명사가 아니면 현재분사"라고 결정하는 것도 정말 유용한 방법이랍니다. 하얀 콩 아니면 까만 콩!

-ed도 마찬가지예요. 과거동사가 아니면 무조건 과거분사예요.

다시 I was satisfied를 살펴보면, I는 주어이고 was는 과거동사에요. satisfied는 볼 것도 없이 과거분사고요. 과거동사 두 개가 나란히 올 수는 없다고 했죠?

satisfied가 과거분사면 하는 일은 두 가지예요. 시제 변화에서 쓰이거나 형용사거나. 그리고 수동태가 가능해요. be동사 + p.p.는 수동태니까요.

이게 정석이에요.

그런데!

이 대목에서 반드시 기억해야 할 예외 조항이 있어요.

be동사+p.p. 형태로 쓰인 과거분사가 사람의 감정을 나타내면
더 이상 그 문장을 수동태로 보지 않는다.
그 과거분사는 감정을 나타내는 형용사로 본다!

그러니까, 동사에서 온 satisfied는 이제 happy나 sad처럼 감정을 나타내는 형용사로 간주되는 거지요.

이 문법은 두 가지가 혼용되어 쓰이기도 해요. 여전히 이런 문장을 수동태 문장이라고 설명하는 경우도 많거든요. 그러나 지금부터 우리는 감정을 나타내는 과거분사를 가진 문장은 주어 + 동사 + 형용사로 볼 거예요. 예외예요. 꼭 기억해 주세요.

앞으로 영작을 하다 보면 느끼시겠지만 영어에는 이렇게 동사에서 온 감정 표현들이 굉장히 많아요. 다들 꼭 알아 두어야 하는 중요한 표현들이기도 하고요. 소설을 읽을 때도 동사에서 온 감정 표현들을 잘 알고 있으면 읽기가 훨씬 편하답니다.

아무튼, I was satisfied가 중요한 이유는요,

첫째, 과거동사와 과거분사를 정확히 가르고

둘째, 수동태를 이해하고

셋째, 원칙적으로는 수동태지만 감정을 나타내는 동사들이 2형식의 보어 자리에서 형용사로 쓰이는 사례를 확인하고

넷째, 그렇다면 satisfied 자리에 satisfying이라는 현재분사를 집어넣으면 어떻게 될까?라는 질문을 통해서 현재분사까지 덤으로 이해할 수 있는 명쾌한 문장이기 때문이에요.

I was satisfied!

간단하지만 정말 중요한 문장이랍니다.

과거분사 형용사

10번 쓰기

1. I was satisfied는 원칙적으로 수동태 문장.
   그러나 satisfied가 사람의 감정을 나타내므로 형용사로 간주.

2. satisfied를 형용사로 보면 이 문장은 2형식.
   I는 주어, be동사인 was는 과거동사,
   satisfied는 보어 자리에 쓰인 형용사.

3. satisfied는 과거분사. 과거분사는 형용사 일을 함.
   그러므로 2형식의 보어 자리에 형용사로 오는 것에 문제가 없다.

4. 형용사는 명사를 수식하는 일을 하며 한정적 용법, 서술적 용법
   두 가지로 쓰인다.

5. 보어 자리에는 명사 또는 형용사가 온다.

6. 보어 자리에 오는 형용사는 무조건 서술적 용법.

7. I was satisfied의 satisfied는
   보어 자리에 쓰인 형용사로서 서술적 용법.

6 형용사의 한정적 용법과 서술적 용법

명사는 주어, 보어, 목적어 세 가지 일을 하지요.

부사는 동사, 형용사, 부사, 문장 전체 수식 이외에 때, 장소, 이유, 조건, 양보, 목적, 원인, 결과, 정도, 방법 등에 다양하게 쓰이고요.

이와 달리 형용사는 달랑 한 가지 일만 해요. 명사 수식!

형용사가 명사를 수식하는 두 가지 방법
: 한정적 용법과 서술적 용법

'예쁜 아기'에서 '아기'는 명사고요. 아기를 꾸미는 '예쁜'은 형용사예요. 이때 '예쁜'을 한정적 용법이라고 불러요. 영어로 바꾸면 cute baby인데 baby는 명사, cute는 한정적 용법의 형용사가 되지요.

'아기는 예쁘다'라는 문장은 어떨까요? 영어로 바꾸면 The baby is cute예요. The baby는 주어, is는 불완전자동사로 쓰인 be동사, 그리고 cute는 보어 자리에 온 형용사인데 이런 경우엔 서술적 용법이라고 불러요.

형용사

한정적 용법

'~한, ~인'으로 해석.

서술적 용법

'~하다'로 해석. 문장 안에서 보어 자리에 쓰인다.

잠깐 I was satisfied를 다시 보면요,

I는 주어, was는 불완전자동사, satisfied는 과거분사로서 보어 자리에 온 형용사예요. 그렇다면 어떤 용법일까요?

당연히 서술적 용법이겠지요. 보어 자리에 쓰였으니까요.

이번에는 I felt satisfied라는 문장을 볼까요?

I는 주어, felt는 일단 동사인데 그 뒤의 satisfied는 뭘까요? 제가 문장은 항상 5형식의 테두리 안에서 보자고 말씀드렸던 것 기억나시나요?

이 문장은 일단 1, 2, 3형식 중 하나예요. 4, 5형식은 될 수가 없어요. 동사 뒤에 온 단어가 satisfied 하나니까요.

1~3형식 중 하나라는 가정 하에서 다시 보면, 1형식도 아니에요. satisfied는 과거분사인데(과거동사가 아니므로 당연히 과거분사) 감정을 나타내는 과거분사는 형용사 일을 한다고 했으니까요. 1형식이 되려면 주어 + 동사로 끝나야 하거든요.

이제 남은 가능성은 2, 3형식. 그런데 3형식도 될 수가 없어요. 3형식은 주어 + 완전타동사 + 목적어 형태가 되어야 하는데 목적어 자리엔 명사만이 올 수 있어요. 과거분사는 명사로 쓰이지 않고 형용사로 쓰인다고 배웠죠? satisfied는 과거분사예요. 목적어가 될 수가 없어요. 그래서 3형식도 불가!

그렇다면 결론이 났어요. I felt satisfied는 2형식이었네요.

다시 보면 I는 주어고요. felt는 불완전자동사예요. 지난번에 be동사 이외의 불완전자동사 목록을 드린 적이 있죠? 거기에 feel이 있었어요. (사실 feel은 불완전자동사로만 쓰이는 건 아니고요, 불완전타동사로도 쓰인다고 봐야 해요.)

암튼 felt가 불완전자동사이니 뒤에 보어가 와야겠지요. 보어 자리에는 명사나 형용사가 와야 하는데, satisfied는 줄곧 보셨듯이 형용사 자격증을 갖고 있어요. 즉, 보어 자리에 온 형용사이며 서술적 용법이에요.

굳이 이렇게 따져야 할까요?

네! 굳이 따지시는 게 좋아요.

해석을 위해서라기보다는 자신 있는 영작을 위해서예요. 이렇게 형용사를 한정적 용법, 서술적 용법으로 나누고 형용사 일을 하는 분사들의 쓰임새까지도 한정적 용법, 서술적 용법으로 나누면 분사가 정~말 깔끔해진답니다.

분사를 해결해야 영어가 해결돼요. 분사를 해결하려면 형용사를 제대로 이해해야 하고요. 분사가 가는 곳은 형용사 자리니까요. 형용사는 아무리 거룩해 봤자 한정적 용법, 서술적 용법 두 가지뿐이므로 그것만 구별하면 여러분의 앞길엔 승리뿐이랍니다.

형용사의 용법 공식

15번 쓰기

1. 형용사는 명사를 수식.

2. 형용사는 한정적 용법과 서술적 용법 두 가지로 쓰인다.

3. 한정적 용법은 '~한, ~인'으로 해석.
   서술적 용법은 '~하다'로 해석.

4. **cute baby** ···› cute는 한정적 용법의 형용사.

5. **The baby is cute.**
   ···› cute는 보어 자리에 온 서술적 용법의 형용사.

6. **I was satisfied.**
   ···› I는 주어, was는 불완전자동사, satisfied는 과거분사로서 보어 자리에 온 서술적 용법의 형용사.

7. 과거분사가 하는 일 : 시제에서 완료나 수동태를 만들거나 형용사의 일을 한다.

8. **I felt satisfied.**
   ···› I는 주어, felt는 불완전자동사, satisfied는 과거분사로서 보어 자리에 온 서술적 용법의 형용사.

7 서술적 용법의 형용사로 쓰인 과거분사

미국에 살다 보면 영어를 잘하고 못하고를 떠나서 습관적으로 입에 달고 사는 말들이 있어요. 가장 흔한 건 "오케이"고요, "픽업한다"라거나 "드랍한다" 같은 말들도 종종 쓰곤 해요. 미국에서 아이들을 키우며 운전기사(?)로 살다 보니 자연스럽게 입에 밴 표현들이지요.

그런 식으로 우리말에 영어를 섞어 쓰는 표현들 중에 "나 보~링해"라든지 "아주 익싸이팅하네" 같은 표현들이 있어요. 지루하다, 또는 흥분된다는 뜻인데요. 한국인들끼리는 금방 알아듣지만 행여 이걸 그대로 영어로 바꾸면 곤란해요. "나 보~링해"를 곧이곧대로 "I am boring"이라고 쓰면 '나는 지루하다'가 아니라 '나는 지루한 인간이다'가 되어 버리거든요. 같은 원리로 "I am exciting"도 안 돼요. 영어로는 "I am bored" 또는 "I am excited"라고 말해야 옳은 표현이 된답니다.

문장 분석을 해 볼까요?

■ I'm bored.

I는 주어, am은 be동사로서 불완전자동사예요. 그럼 bored는?

bore는 '지루하게 하다'라는 뜻의 동사인데 거기에 -ed가 붙었어요. 그럼 과거동사이거나 과거분사, 둘 중 하나겠지요? 그런데 과거동사일 수는 없어요. 앞에 am이라는 현재동사가 떡하니 버티고 있으니까요.

그래서 bored는 과거분사예요. 과거분사라는 확신이 있어서라기보다는, 과거동사가 절대 아니니 무조건 과거분사라는 결정을 내리는 수밖에 없어요.

과거분사로 쓰인 bored는 무슨 일을 할까요?

과거분사는 시제의 일부가 되거나 형용사로 쓰인다고 배웠어요. 딱 보니 am bored는 be동사 + p.p.의 형태네요. 그럼 수동태의 가능성도 생각해 봐야겠지요?

그런데 우리는 이걸 수동태로 보지 않을 거예요. 왜냐하면 bored가 사람의 감정을 나타내는 단어이기 때문이에요.

be동사 + p.p.의 형태가 나타나면 일단 수동태를 제일 먼저 떠올려 주셔야 해요. 동시에 p.p.의 자리에 사람의 감정을 나타내는 동사가 등장을 할 경우에 대해서도 미리 마음의 준비를 해야 하고요.

그걸 전제하고 I am bored를 다시 보면요.

I는 주어, am은 불완전자동사, bored는 과거분사이면서 보어 자리에 온 형용사가 돼요. 서술적 용법이고요. 보어 자리의 형용사는 무조건 서술적 용법이라는 걸 다시 한 번 기억해 주세요.

■ I am excited.

역시 똑같아요. I는 주어, am은 불완전자동사, excited는 과거분사로서 보어 자리에 온 서술적 용법의 형용사랍니다. '흥분하게 하다'라는 뜻의 동사인 excite는 사람의 감정을 나타내기 때문에, be동사 + p.p. 형태이긴 하지만 수동태가 아닌 2형식 문장(주어 + 불완전자동사 + 보어)으로 보는 거예요.

감정을 나타내는 동사가 과거분사로 변하여 보어 자리에 가서 서술적 용법의 형용사로 쓰인다는 건 나중에 분사의 어려움을 극복하는 데 결정적인 열쇠가 될 거예요. 영작할 때 다양한 감정 표현에도 무지막지한 도움을 주고요. 관계대명사를 공부할 때 관계대명사절이 한정적 용법으로 쓰이는 것을 명쾌하게 이해하는 데에도 큰 도움을 줄 거예요.

감정을 나타내는 과거분사 예문

25번 쓰기

1. I am tired.
2. I am bored.
3. I am satisfied.
4. I am excited.
5. I am interested.
6. I am annoyed.
7. I am frustrated.
8. I am embarrassed.
9. I am frightened.
10. I am worried.
11. I am irritated.
12. I am confused.
13. I am amazed.
14. I am disappointed.
15. I am moved.
16. I am pleased.
17. I am surprised.
18. I am depressed.
19. I am shocked.
20. I am touched.

8 한정적 용법의 형용사로 쓰인 분사

'자는 아기'라는 표현을 영어로 하고 싶은데 어떻게 해야 할지 모르겠다면 우리는 일단 사전을 찾겠지요? 아기는 쉽게 찾을 수 있어요. 사전에 baby라고 나와 있으니까요.

그런데 '자는'은 쉽지가 않아요. 사전에 그런 단어는 없거든요. '잠자다'라는 동사원형 sleep만 있을 뿐이에요. 일단 sleep을 찾아 놓아도 '자는 아기'라는 표현은 만들 수 없어요.

이때 필요한 것이 바로 문법이랍니다. 문법은 이렇게 사전이 해결해 주지 못하는 것들을 해결해 주지요.

자, 문법으로 '자는 아기'를 어떻게 해결하는지 볼까요?

| '자는'은 동사지만 형용사로 쓰였다.

'자는'은 일단 둔갑형에서 해결해야 한답니다. 모든 동사는 반드시 '시제냐 둔갑이냐'라는 틀 안에서 생각해 주십사 부탁드렸어요. 기억나시지요? 이거 쉬워요. '~하다'로 끝나면 시제고, 그렇지 않으면 깡그리 둔갑으로 보면 돼요.

그래서 '자는'은 둔갑형이에요. 그 얘기는 동사가 시제의 자리에 있지 않고 명사, 형용사, 부사의 자리에 갔다는 얘기겠지요. 그럼 이젠 '자는'이 명사인지 형용사인지 부사인지를 골라내야 할 차례예요.

'자는'은 딱 보기에는 동사의 뜻이지만 형용사로 쓰였어요. 아기를 꾸미고 있잖아요.

'예쁜 아기'에서 '예쁜'은 형용사예요. '아기'를 꾸며 주고 있어요. '자는 아기'에서 '자는'은 '예쁜'과 같은 역할을 해요. '아기'를 꾸며 주고 있어요. 그래서 형용사예요.

형용사 일을 하는 둔갑형

'자는'이 형용사라는 둔갑형으로 쓰였다면 이제 다음 단계는 어떤 둔갑형인지 선택할 차례예요.

둔갑형에는 세 가지가 있어요. to부정사, 동명사, 분사.

그중 형용사 일을 하는 둔갑형은 to부정사와 분사예요. 둘 중 하나를 골라야 하겠지요.

to부정사인가 분사인가?

to부정사도 형용사 일을 하고 분사도 형용사 일을 한다면 둘은 어떻게 다를까요?

일단 to부정사는 '~할', '~일', '~했던' 등으로 해석이 된답니다. 그 외의 것들은 일단 분사로! 그래서 '자는 아기'의 '자는'은 분사로 해결할 거예요.

앗! 그런데 분사에도 현재분사, 과거분사 두 가지가 있네요.
이제 현재분사와 과거분사의 차이를 볼 때가 되었어요.

현재분사와 과거분사의 차이

분사는 시제의 일부로 쓰였을 때와 형용사로 쓰였을 때를 반드시 구분해 주셔야 해요. 현재분사는 주로 능동의 의미(직접 할 수 있는 것)로 쓰이고요. 과거분사는 수동의 의미(다른 누군가가 해 줘야 하는 것)로 쓰여요. 그런데 이건 어디까지나 분사가 형용사로 쓰였을 때 얘기니까 시제의 경우와 헷갈리지 말아 주세요.

You are speaking English에서 현재분사 speaking은 진행의 의미
You have spoken English에서 과거분사 spoken은 완료의 의미
English is spoken by you에서 과거분사 spoken은 수동의 의미

이제 '자는 아기'를 영어로 만들어 볼까요?
'아기'는 baby고요. '자는'은 sleeping이라는 현재분사를 쓸 거예요. '자는'이 둔갑형이고, 형용사로 쓰였으며, 아기가 자는 것이니까 능동의 의미를 가졌기 때문이에요.
그래서 결론은 sleeping baby가 된답니다.

다른 예문을 볼까요? '구워진 감자'라는 표현은 영어로 어떻게 할까요?

감자는 potato라고 사전에 나와요. 그런데 '구워진'은 나오지 않아요. '굽다'라는 동사원형 bake만 있어요. 역시 문법으로 해결해야겠지요?

'구워진'은 동사지만 둔갑형이네요. 그리고 '감자'를 꾸미는 형용사로 쓰였어요.

그럼 둔갑형 중에서 형용사 일을 하는 to부정사와 분사가 가능해지는데 해석이 '~할', '~일', '~했던'이 아니므로 분사를 택하겠어요.

그런데 분사에도 두 가지가 있지요. 현재분사, 과거분사.

형용사 일을 하는 분사는 능동이냐 수동이냐를 기준으로 현재분사와 과거분사로 나뉘어요. 감자가 스스로 자기를 굽는 게 아니고 누군가가 구워야 하는 거니까, '구워진'은 능동이 아닌 수동의 의미를 가지고 있어요. 과거분사 baked를 택해야 한다는 뜻이지요.

그러므로 'baked potato'가 정답이에요.

사실 모든 것들이 이렇게 간단하지는 않아요. 문장에 따라 여러 가지 다른 표현들이 존재하거든요. 그러나 이렇게 기본을 알아 두어야 파생된 변형들이나 새로운 유형들을 이해할 수 있어요.

우리의 목표는 sleeping baby나 baked potato가 아니에요. 이런 간단한 문법을 엮고 엮어 문법 전반을 쉽게 이해하는 거랍니다.

동사의 형태

15번 쓰기

1. 모든 동사는 시제 변화와 둔갑 둘 중의 하나로 쓰인다.

2. 시제는 '~하다'로 끝나는 해석.

3. 시제 변화가 아니면 무조건 둔갑.

4. 둔갑형에는 to부정사, 동명사, 분사 세 가지 형태가 있다.
   ① to부정사는 명사, 형용사, 부사 일을 한다.
   ② 동명사는 명사 일을 한다.
   ③ 분사는 형용사 일을 한다.

5. 직접 할 수 있는 것은 능동, 누군가 해 주는 것은 수동이다.

6. '자는 아기'에서 '자는'은 둔갑형이며 형용사이고
   능동이라 현재분사 sleeping을 써서 **sleeping baby**.

7. '구워진 감자'에서 '구워진'은 둔갑형이며 형용사이고
   수동이라 과거분사 baked를 써서 **baked potato**.

9 분사구문 만들기의 기본

영어는 주어 자리에 주어를 따박따박 챙겨 넣는 언어예요. 비가 오나 눈이 오나 주어 자리에 꼭 주어가 있어야 직성이 풀리는 게 바로 영어랍니다.

그런데 아무리 주어에 목을 매는 언어라 해도 때로는 주어를 일일이 챙기기가 힘든 때도 있어요. 어떤 경우일까요? 같은 주어가 계속 반복되기 때문에 뒷부분에 딱히 주어가 없더라도 뜻을 이해하는 데 지장이 없는 경우예요.

예를 들어 볼게요.

- If you turn to the right, you will see me.

'만일 네가 오른쪽으로 돌면 너는 나를 볼 것이다'라는 문장이에요. you가 두 번 반복되는데, 하나를 없애도 이해하는 데에 큰 문제는 없어 보여요.

그런데 문제가 그리 간단치 않아요. you를 하나 빼면 If turn to the right, you will see me 또는 If you turn to the right, will see me 둘 중 하나일 텐데, 암만 봐도 그건 아니다 싶어요. 절대 불가해요. 주어와

시제 변화를 하는 동사는 절을 이루는 기본 요소라서 어느 것 하나 맘대로 없애버릴 수 없어요.

그러니 이해가 간다고 해서 you를 덜컥 빼 버리면 안 되겠지요. 그럼 죽자고 you를 계속 써 대야 할까요?

그렇지 않아요. 절인 상태에서는 절대로 주어를 빼 버릴 수 없지만 절이 아니라면 얘기가 달라져요. 우리의 목표는 반복되는 you를 하나 없애 버리는 거였잖아요. 무작정 빼 버리면 주어 하나, 동사 하나가 반드시 있어야 하는 절의 원칙이 무너지니까, 우리는 절의 형태를 포기할 거예요. 절을 구로 바꾸면서 자연스럽게 주어 하나를 버릴 거예요.

주어가 없어지면 동사가 시제 노릇을 할 수 없어요. 그래서 시제 노릇을 하던 동사를 분사로 바꿀 거예요.

다시 If you turn to the right, you will see me를 보면요.

If you turn to the right는 조건을 나타내는 부사절/종속절이고 you will see me는 주절이에요.

우리는 주절은 건드리지 않고 부사절/종속절을 바꿀 거예요. 그러니까 앞쪽의 주어 you를 뺄 건데, 이때 부사절을 이끄는 종속접속사도 같이 빼 버려요(뜻을 명확하게 하려고 남겨 두는 경우도 있지만 일단 우리는 빼는 걸 원칙으로 할 거예요). 그럼 If you가 빠지면서 문장이 다음과 같이 바뀌게 돼요.

■ Turn to the right, you will see me.

그런데 turn은 시제 변화 역할을 하는 동사이기 때문에 주어가 없어지면 절대 혼자 거기에 있을 수 없어요. 그래서 이 동사를 분사로 바꿀 거예요. 분사는 현재분사와 과거분사 두 가지가 있는데 일단 현재분사로 바뀌요.

■ Turning to the right, you will see me.

If you turn to the right라는 부사절이 Turning to the right라는 구가 되었어요. 이때 이 구는 분사를 이용한 구라서 분사구문이라고 불러요. 그러니까, 똑같은 주어를 가진 부사절과 주절이 있을 때 부사절의 주어와 접속사를 지우고 시제 일을 하던 동사를 현재분사로 바꾼 것이 분사구문이라고 할 수 있어요.

간단하지요? 네, 간단해요. 그러나 바로 이 분사구문이 영어에서 최대 난적이라고 저는 생각해요. 원칙은 이다지도 간단하지만 문장 안에서 막상 만나면 다른 일을 하는 현재분사와 헷갈릴 뿐 아니라 같은 모양을 한 동명사도 있어서 절대 만만하지 않아요.

그러나 차근차근! 아시죠?

숙제만 꾸준히 하시면서 시간을 들이면 다 해결돼요.

분사구문의 기본 공식

30번 쓰기

1. 같은 주어를 가진 부사절과 주절이 있으면 원칙적으로 분사구문을 만들 수 있다.

2. 주절은 그냥 두고 부사절을 분사구문으로 만든다.

3. 부사절을 이끄는 종속접속사와 주어를 버린다.

4. 시제 일을 하던 동사를 현재분사로 바꾼다.

5. If you turn to the right, you will see me를 분사구문으로 바꾸기.
   ①주절인 you will see me는 그대로 두고
   ②부사절, 종속절인 If you turn to the right에서 조건을 나타내는 부사절을 이끄는 종속접속사 if와 주어 you를 버린 후,
   ③시제 일을 하던 turn을 현재분사인 turning으로 바꾼다.

~~If you~~ **turn** **to the right, you will see me.**

~~If you~~	turn	to the right,	you will see me.
②	③		①
종속접속사와 주어를 버린다.	현재분사 turning으로 바꾼다.		주절은 그대로 둔다.

→ **Turning to the right, you will see me.**

Chapter 3

문장 해석 훈련

1 warming up

어렸을 때 속독을 배운 적이 있어요.

제일 감동적으로 배운 건 묶어서 읽기였어요. 속독법을 배우기 전에는 한 글자 한 글자씩 읽었는데, 속독 선생님은 적당하게 묶어서 한꺼번에 읽는 훈련을 시키더라고요. 처음에는 두세 글자씩 묶어 읽게 하다가 차츰 늘려 가는 거예요. 그러다가 두세 줄을 한꺼번에 읽는 거죠. 두세 줄을 뭉텅뭉텅 읽다 보면 한 페이지가 순식간에 읽히는 기적 같은 일이 생겨요.

그런데 속독법에는 전제가 있었어요. 책을 많이 읽어 봤을 것! 아무리 눈을 빨리 움직여도 이해도가 따라 주지 않으면 아무 소용이 없었어요. 속독법의 핵심 기술인 묶어 읽기도 그전에 책을 많이 읽어 봤으면 좀 더 쉽겠더라고요.

속독법에서 중요한 또 하나의 기술은 중요 단어를 순식간에 뽑아내는 거예요. 굳이 자세히 볼 필요가 없는 것들을 순식간에 버리고 정말 중요한 단어만을 모아서 읽는 기술이에요. 이것도 책을 많이 읽어야 비로소 생기는 기술이더라고요. 그러니까, 미리 책을 많이 읽어서 텍스트에 대한 이해력을 키워 놓아야만 속독법의 효용성을 절감할 수 있어요.

언어 공부에서 가장 큰 고비는 듣기랍니다. 듣기가 되면 말하기는 쉬워요. 듣기를 잘하려면 독서를 많이, 그리고 빨리 해야 한다고 저는 생각해요. 독서를 통해 이해력을 높이고 그 이해력이 읽는 속도를 높여서 결국 미국 사람이 말하는 속도와 나의 이해 속도가 일치하면, 바로 그때가 듣기가 되는 순간이에요.

맞아요. 듣기를 위해서 책을 읽고 있고, 책을 읽기 위해서 문법을 전체적으로 살펴보는 거예요. 그러니까 결국 문법도 듣기를 위한 거예요.

듣기 위해 하는 독서에서 가장 중요한 것은 속도예요. 속도는 이해력이 뒷받침되지 않으면 절대 빨라지지 않아요. 상식이 풍부해야 비로소 웬만한 영어 원서들을 읽을 수 있겠지만, 일단은 상식이 크게 필요치 않은 책들로 다독을 하면서 문법을 체화시키는 게 중요해요.

지금까지 저와 함께한 공부는 속독의 원리 중 하나인 묶어 읽기를 위한 준비였어요. 묶어서 읽으면 이해하는 데도 큰 도움이 되지만 무엇보다 빨리 읽을 수 있어요. 그리고 빨리 읽어야 빨리 알아들을 수 있어요.

문장 분석의 기본은 묶어서 읽는 거예요. 묶어서 읽으면 정말 개운해요. 영어의 미로 속에 갇혀 있는 것이 아니라 위로 떠올라 미로를 내려다보는 기분이랄까요.

문법을 익혔다고 다 끝나는 건 아니에요. 우리의 당면 목표는 문장 분석을 통해 연습한 묶어 읽기로 앞으로 책을 최대한 많이 읽는 거예요. 그게 자리를 잡으면 그다음엔 중요 단어만 뽑아 읽는 속독 훈련까지 해서 그야말로 영어를 자유자재로 읽는 능력을 갖추는 게 최종 목표예요.

이 모든 일들은 하루아침에 이루어지지 않아요. 조급해하지 마세요. 어렵지도 않아요. 그렇다고 시간이 너무 많이 걸리면 안 되겠지요? 방법은 이미 말씀드렸어요. 목표와 방법이 이렇게 선명하니 이제 진도만 쭉쭉 나가면 되겠지요?

먼저 문장 분석의 기본을 정리해 볼까요?

문장 분석의 기본은 묶기예요. 묶기의 기본 틀은 단어, 구, 절이고요.

단어 : 기본 중에서도 기본. 문장을 이루는 최소 단위.

구 : 두 개 이상의 단어들이 모여 하나의 뜻을 형성.
전치사구가 특히 중요.
예) this morning / in the garden / have been speaking

절 : 주어와 동사를 하나씩 갖고 있음.
길 수도 있고 짧을 수도 있음.
한 문장에서 절은 하나일 수도, 두 개 이상일 수도 있음.
예) I go.
I think that she knows.

문장 분석의 시작은 그 문장을 단어, 구, 절로 나누어 주는 거예요. 단어, 구, 절은 반드시 명사, 형용사, 부사, 시제(동사)라는 이름을 가지게 되어 있어요. 그 이름을 주면 원칙적으로 해석은 끝나는 거나 마찬가지예요.

하지만 실전에서는 약간의 문제가 생길 거예요. 숙어라는 복병이 기다리고 있으니까요. 그래도 문장 분석을 통한 기본 다지기를 착실히 하면 그리 어렵지는 않을 거예요.

문장 분석에 익숙해지면 영어의 많은 부분이 어이없게 해결돼요. 간단한 방법이지만 다독으로 꼭 뒷받침을 해 줘야 해요. 다독과 문장 분석이 모여 속독이 되고, 속독이 듣기로 가는 지름길이 되니까요.

문장을 단어, 구, 절로 나누어 명사, 형용사, 부사, 시제(동사)의 이름을 주는 일을 하려면 다음 용어들을 확실히 알고 있어야 해요.

① 단어로 된 명사, 형용사, 부사
② 명사구, 형용사구, 부사구
③ 명사절, 형용사절, 부사절
④ 시제

①은 명사, 형용사, 부사의 기본 개념만 있으면 쉽게 해결돼요.

②도 단어의 뜻을 정확하게 알고 있으면 대부분 쉽게 해결돼요. 구의 대부분을 차지하는 건 전치사구예요. 전치사구를 골라내는 방법은 이미 좀 연습했어요.

③은 절에 관한 설명인데 이것도 명쾌해요. 형용사절이 가장 문제가 되지만 이미 관계대명사절로 공부했어요. 예문만 많이 접해 보면 돼요. 명사절도 문제의 소지가 좀 있긴 하지만 문장 분석을 하다 보면 금세 해결할 수 있어요. 부사절은 절대 어렵지 않아요. 하지만 빨리 잡아내기 위해 역시 예문을 열심히 공부할 필요가 있어요.

④는 You speak English 시제 공식을 통해 마르고 닳도록 많이 썼어요. 그 밖의 자잘한 시제 설명은 문장 분석을 하다 보면 금방 이해할 수 있을 거예요.

2 I like you

문법에서는 처음부터 백 점을 맞을 수는 없다고 생각해야 해요. 문법이 철천지원수가 되는 이유는 차근차근 단계를 밟지 않아서가 아닐까요? 문장 분석은 문법을 그대로 문장에 대입시키는 과정이에요. 처음에는 뼈대만 대입하는 훈련을 하다가 차차 살을 입히고 다듬어 나갈 거예요.

뼈대를 세우는 과정이 쉽고 재미있을 수도 있고, 어렵고 지루할 수도 있어요. 지금까지 제가 냈던 숙제들을 충실히 쓰면서 익숙해지는 과정을 거쳤으면 쉬울 거예요. 그렇지 않고 문장 분석부터 먼저 보시는 경우라면 그냥 부담 없이 읽으세요. 문장 분석은 분석대로 진도를 나가면서 앞의 문법 내용들을 병행해도 좋아요.

사실 문법이란 문장을 단어, 구, 절로 나누어 명사, 형용사, 부사의 이름을 주는 일이 대부분이고, 동사를 시제와 둔갑으로 나누어 보는 과정이 다예요. 그걸 알기 위해 문법 사항들을 수십 번씩 쓰며 익힌 거고요. 아무리 간단한 원칙이라도 수많은 반복을 통해 내 것으로 만들어야만 실전에서 비로소 사용이 가능해요. 그게 언어랍니다.

먼저 간단한 문장 분석으로 몸풀기부터 해 봐요.

■ I like you.

일단 전치사구와 부사는 없네요. 여기서 동사는 like이고 단순현재로 쓰였어요. 그리고 뒤에 목적어 you를 가진 타동사예요. 뜻은 '좋아하다'고요.

주어는 like 앞에 있는 I. '나는'이라고 해석해요.

you는 동사 like 뒤에 있는 목적어예요. 당연한 사실 같지만 왜 you가 목적어인지 문법적으로 따져 볼 필요가 있어요. you는 명사의 일종인 대명사이고, 명사가 갈 수 있는 자리는 주어, 보어, 목적어 이렇게 세 군데지요. 이 문장에서 you가 목적어라는 건 달리 말하면 주어나 보어가 될 수 없다는 뜻이에요. 이유가 뭘까요?

you가 주어가 아닌 이유는 동사 뒤에 있어서예요. 주어는 무조건 서술어 역할을 하는 동사 앞에 온답니다. 의문문의 경우는 제외하고요.

보어도 아닌 이유는 like가 불완전자동사가 아니기 때문이에요. 보어가 필요한 불완전자동사의 종류는 얼마 되지 않아요. 목적어가 필요한 타동사는 무수히 많아서 죄다 외우기가 불가능하지만 불완전자동사는 외울 만해요.

아무튼 주어도 보어도 아니니까 you는 당연히 목적어겠지요. 해석은 '~을/를'로 하면 돼요.

I	like	you.
주어	동사(단순현재)	직접목적어

불완전자동사의 종류

look, sound, feel, taste, smell,
become, get, turn(변하다)

딱 보면 척 하고 해석이 가능한 문장을 왜 분석해 봐야 하냐고요? 이게 다 복잡한 문장을 해석하기 위한 전초 과정이에요. 쉬운 문장에서부터 다시 한 번 문법의 원칙들을 다져 줘야 해요. 그래야 복잡한 문장도 무리 없이 해결할 수 있어요.

3 목적어 자리에는 명사

목적어 자리에는 명사만 올 수 있어요. 그건 정해진 법칙이에요.

I like you.
I like a book.
I like the house.
I like Tom.
I like him.
I like that girl.
I like a dog.
I like the cat.

위 문장들에선 다 like 다음에 명사가 왔어요. like는 타동사이고 타동사는 목적어를 취하므로 당연히 올바른 문장들이지요.

그런데 '나는 수영하는 것을 좋아한다'라는 문장은 어떻게 만들까요? 일단 I like까지는 쉬운데 그 뒤는 좀 생각해 볼 필요가 있어요.

'수영하는 것'이라는 한국말을 어떻게 영어로 바꿀까요? 'swim'이라는 단어가 금방 떠오르지만 '수영하는 것'이라는 표현을 만들자니 좀 망설

여져요. 사전을 봐도 해결되지 않아요. 사전에는 swim만 나와 있으니까요.

일단 '수영하는 것'은 명사예요. 동사의 뜻을 가지고 있지만 명사처럼 쓰였어요. 동사가 동사로 쓰이지 못하고 명사의 자리에 갔네요.

동사가 명사 자리에 가려면 둔갑을 해야 했던 거 기억나시죠? 명사 자리로 간 동사는 to부정사나 동명사로 둔갑해야 해요. 그럼 to부정사와 동명사 둘 중에 무엇을 쓰면 될까요?

동사가 명사 자리로 가서 쓰이는 방식은 크게 네 가지로 구분할 수 있어요.

① to부정사만 써야 하는 경우
② 동명사만 써야 하는 경우
③ 둘 다 쓰는 경우
④ 둘 다 쓰지만 뜻이 다른 경우

swim은 ③번에 속해요. 뭘로 둔갑하건 뜻에 차이는 없어요. 그래도 to부정사와 동명사를 쓰는 경우가 좀 구별되긴 해요. 다음 문장들을 볼까요?

ⓐ I like to swim.
ⓑ I like swimming.

굳이 차이를 말하자면 ⓐ는 내가 수영하는 행위를 좋아한다는 뜻이고요. ⓑ는 내가 하는 것도 좋아하고 보는 것도 좋아하고, 아무튼 수영 자체를 두루 좋아한다는 의미가 있어요.

■ I　　like　　to swim.
주어　　타동사　　목적어(목적어 자리에 명사로 둔갑하여 온 to부정사)

■ I　　like　　swimming.
주어　　타동사　　목적어(목적어 자리에 명사로 둔갑하여 온 동명사)

문장을 분석해 봤자 사실 완벽히 맞아떨어지는 건 아니에요. 숙어 표현도 있고 문법을 무시한 표현들도 있기 때문이에요. 그런 것들은 그때그때 해결하면 돼요. 예외는 일단 버리고요. 지금은 무조건 모든 문장을 분석하여 완벽하게 이해한다는 마음가짐으로 가도록 해요.

4 I want to stay to help you (1)

■ I want to stay to help you.

위 문장을 분석해 볼까요? I가 주어이고 want가 동사라는 건 쉽게 알겠죠? want는 동사원형이니까 시제는 단순현재일 거예요. 그런데 I want 뒤에 to부정사가 2개나 있어요.

I want는 '나는 원한다"로 쉽게 해석되는데 뒤에 있는 to stay와 to help는 어떻게 해석할까요? 그동안 영어를 많이 접해 보신 분들은 '나는 너를 돕기 위해 머무르는 것을 원한다'라고 쉽게 해석할 수 있을지도 몰라요.

그런데 왜 그런 걸까요? 둘 다 to+동사원형의 모습인데 어째서 하나는 '머무르는 것'이라고 해석하고 다른 하나는 '돕기 위하여'라고 해석하는 걸까요? 똑같이 생겼는데 경우에 따라 다르게 해석을 하다니요.

이유를 한번 생각해 보세요. 답을 찾는 것보다 더 중요한 일은 문제가 뭐였는지 곰곰이 생각해 보는 거예요. 문제를 깊이 생각하다가 답을 알아내면 그 답은 오래 가요. 쉽게 얻어 낸 답은 금방 잊어버려요.

"이런 걸 뭘 깊이 생각해 봐? 딱 보면 아는 거 아냐?" 같은 얘기는 사절이에요. 딱 보고 아는 거 너무 좋아하다간 나중에 문장이 조금만 길어지거나 꼬여도 길을 잃기 십상이에요. 많이 하다 보면 저절로 알게 된다는 얘기도 사절이에요. 많이 해서 저절로 알게 되는 것도 물론 나쁘지 않지만, 원칙 없이 만들어 낸 답으로는 100% 확신을 가질 수 없어요.

이 문장을 구체적으로 보기 전에 우선 다음 문장들을 볼까요?

① Tom is my friend.

② His cousin is Tom.

③ I know Tom.

④ I worry about Tom.

위의 네 문장에는 공통적으로 Tom이 들어가요. Tom은 이름이니까 명사예요. 각 문장의 해석은 어떨까요?

① 톰은 나의 친구이다.

② 그의 사촌은 톰이다.

③ 나는 톰을 안다.

④ 나는 톰에 대하여 걱정한다.

똑같이 생긴 Tom이라는 단어가 네 가지 형태로 각기 다르게 해석되었네요. 톰은, 톰이다, 톰을, 톰에 대하여……. 쉽고 단순한 위 예문들과 달리 복잡하고 긴 문장들 안에서 Tom이 저렇게 여기저기 들쑤시고 다니면 읽는 사람들은 멀미 나겠죠.

하지만 Tom이 명사고 명사가 갈 수 있는 자리는 주어, 보어, 목적어(전치사 뒤 포함) 딱 세 군데임을 미리 알고 있으면 절대 문제가 되지 않아요. 만약 문장에서 해석이 잘 안 되는 단어가 있는데 그게 명사라면 주어, 보어, 목적어 중 어느 자리에 있는지만 파악해서 이름을 주면 되는 거예요.

주어, 보어, 목적어를 해석하는 방법은 간단하기 때문에 명사를 해석하는 일은 어렵지 않아요. 원칙만 세워 놓으면 돼요.

문장을 해석하다가 명사를 만나면 다음 중 하나예요.

명사

주어면 '~은/는/이/가'
보어면 '~이다'
목적어면 '~에게', '~을/를'
전치사 뒤면 그대로 해석

주어는 문장의 맨 앞, 혹은 동사 앞
보어는 불완전자동사 뒤
목적어는 타동사 뒤
전치사 뒤는 그야말로 전치사 뒤

영어는 명사, 형용사, 부사, 동사로 이루어져 있는데 그중 하나인 명사를 해석하는 방법은 이렇게 해결됐어요. 형용사는 한정적 용법, 서술적 용법만 알고 있으면 딱히 문제를 일으키지 않아요. 부사는 효자예요. 뜻만 알면 지나갈 수 있어요.

동사가 좀 복잡한데 시제는 You speak English 시제 공식만 익혔다면 파악할 수 있고요. 둔갑은 얼마나 효율적으로 명사, 형용사, 부사의 이름을 주느냐가 관건이에요.

둔갑의 세 가지 형태를 기억하시나요?

동명사는 제일 간단하지만 현재분사와 같은 모양을 하고 있어서 딱히 쉽다고만은 할 수 없어요. 분사는 제일 골칫거리지만 그래도 잘만 다스리면 해결할 수 있어요. to부정사는 정확한 해석을 하지 않아도 대세에 영향을 주지 않지만 워낙 쓰임이 많은 터라 대충 넘겼다간 절대 정확한 해석을 할 수 없어요.

명사 해석이 그랬듯 동사의 둔갑도 생긴 건 같지만 다른 방법으로 해석해야 해요. 둔갑을 제각각 다르게 해석하는 것은 명사를 다르게 해석하는 것과는 차원이 달라요. 명사가 1차원이라면 둔갑은 4차원이라고 보면 돼요. 마음의 준비를 해야 해요. 시간이 조금 더 걸리지만 그래 봐야 문법이니 당연히 해결할 수 있어요.

to부정사는 명사, 형용사, 부사가 갈 수 있는 자리로 가요. 학교 다닐 때 to부정사에 관한 내용을 지겹게 배웠을 거예요. to부정사가 가는 곳이 다양하기 때문이에요. 명사, 형용사, 부사 역할을 다 하니까요. 문장 안에서 발견한 명사를 주어, 보어, 목적어(전치사 뒤에 있는 경우 포함)라는 세 가지 가능성으로 봐야 하듯, to부정사는 명사, 형용사, 부사라는 세 가지의 가능성을 모두 따져 봐야 해요.

명사라면 주어냐, 보어냐, 목적어냐를 따져야 하고요. 형용사라면 한정적 용법, 서술적 용법이냐를 파악해야 하고 부사라면 어떤 용법으로 쓰였는지를 따져야 해요.

언어 공부는 진도가 팍팍 나가지 않아요. 진도가 나가도 막상 실력이 향상됐는지 느끼기가 어렵고요. 피 끓는 청춘들이 잠자코 하기에는 어려운 일이에요.

그래도요, 하루에 티끌만큼 늘어도 느는 거예요. 티끌이 모여야 흙 알갱이가 되고 흙이 모여야 태산도 된다는 믿음이 필요해요. to부정사가 완전히 내 것이 되려면 이렇게 도를 닦는 심정이 필요해요. 참고 견뎌야 해요.

to부정사는 분사에 비하면 어려운 문법이 아니에요. 양은 좀 많지만. 그런데 그 양이라는 게 지나고 나면 한 줌이랍니다. 조금만 견뎌 주세요. to부정사는 해석조차 알쏭달쏭한 분사와는 달리 그냥저냥 넘어가려면 넘어갈 수도 있어요. 하지만 오늘 대충 넘기면 내일 절대로 작문에 활용할 수 없어요.

지금 우리는 작문을 위한 문법도 함께 하고 있는 거예요. 좀 시간이 걸리고 지루하더라도 to부정사를 완전히 잡고 그걸 작문에 활용하면 더운 날 마당을 실컷 쓸고 나서 마시는 맥주 한잔보다 상쾌할 거예요.

to부정사가 가는 곳은 명사, 형용사, 부사 자리예요. 그러다 보니 문장 안에서 정말 많이 등장해요. 모든 가능성을 다 가지고 있어서 해석을 하기도 쉽지 않아요. 하지만 기본 원칙에 집중하면 그다지 어렵지 않아요. 완전정복할 수 있어요.

5 I want to stay to help you (2)

길에서 아는 사람을 만났어요. 이름이 영희인 것밖에 기억이 안 나요. 성을 대놓고 물어보기가 좀 그래요. 추측을 해 보려는데 세상에 성씨가 어디 한두 개인가요? 수백 개나 되는 성을 하나하나 부르며 영희의 성을 맞히는 건 너무나 번거로운 일이에요.

to부정사가 가는 곳도 우리나라의 성씨 종류만큼이나 많아요. 이것저것 다 대입해 보다가는 날 새게 생겼어요. 어떡할까요?

우리나라 성씨 중에 김/이/박/최/정 씨가 과반수를 넘어요. 그럼 영희의 성도 이 다섯 성씨 가운데 하나일 확률이 50%가 넘는 거예요. 만약 그중 하나가 아니라면 많이 들어 보았다 싶은 성씨를 대 보고, 그것도 아니라면 그냥 대놓고 물어보기로 해요. 수백 가지 성씨를 일일이 찾아서 확인해 볼 필요는 없어요. to부정사도 마찬가지예요.

to부정사는 사실 웬만하면 해석이 거의 다 돼요. 저도 그랬어요. 그런데 느낌으로 대충 넘어가고 있다는 찝찝함을 지울 수가 없었어요. 그래서 사생결단을 내기로 했지요.

소설책 세 권을 가져다 놓고 to부정사에 밑줄을 치기 시작했어요. to부정사의 용법은 이미 무수히 많은 문법책에서 설명되었으니 제가 새로 발견할 법칙은 없겠지만, 문법으로만 알던 용법들을 실감 나게 경험해 보면 찝찝한 마음이 사라지지 않을까 싶었어요. 그래서 시작했던 거예요.

to부정사가 많을 거라는 건 짐작하고 있었지만 막상 밑줄을 쳐 보니 예상보다도 훨씬 더 많았어요. 정말 엄청났어요. 밑줄이 늘어나면 늘어날수록, 이렇게 많이 쓰이는 to부정사를 어떻게든 해결해야겠다는 결심도 점점 단단해졌지요.

그러던 어느 날!

드디어 to부정사를 해결할 쉽고 간단하고 새로운 방법이 보이기 시작했어요.

그건 바로, to부정사의 해석에는 '~하기 위하여'가 유독 많다는 사실이었어요. 새로운 발견은 물론 아니지요. 하지만 이걸 유념해 두면 정말 쓸모가 많아요.

to부정사가 가는 곳은 명사, 형용사, 부사인 거 알고 계시죠?

만일 to부정사가 명사 자리에 갔다면 그곳은 주어, 보어, 목적어의 자리이기 때문에 그다지 망설일 게 없어요. 형용사 자리로 간 to부정사는 원칙만 이해하면 명쾌해져요. 문제는 to부정사가 부사 자리로 갔을 때예요. 부사의 용법이 워낙 많다 보니 to부정사의 해석도 혼돈 속에 빠져 버린답니다. 그렇다고 용법을 일일이 다 찾아보기엔 시간이 너무 많이 걸려요.

그런데 to부정사가 목적어 자리에 쓰였는지 얼른 확인하고 '~하기 위하여'로 해석될 가능성을 타진하고 나면, 여기에서 to부정사가 해결될 확률이 50%가 넘어요. 영희의 성씨가 김/이/박/최/정 중 하나일 가능성만큼이나 높다는 거예요.

그러니까 문장 안에서 to부정사가 나오면 목적어로 쓰였는지, '~하기 위하여'로 해석할 수 있는지부터 확인하고, 그다음에 나머지 가능성들을 확인해 보는 게 올바른 순서예요.

이 원칙에 따라 I want to stay to help you를 살펴볼까요?

I는 주어예요. want는 동사원형으로 쓰였으니까 단순현재고요.

want는 목적어가 필요한 타동사예요. 타동사 뒤에는 '~을'에 해당하는 목적어가 명사로 와야 해요. stay가 동사다 보니 to부정사를 이용, to stay로 둔갑을 해서 명사가 됐어요.

그런데 여기에 혹시 동명사가 올 수도 있을까요? 동사가 동사의 자리가 아닌 명사의 자리로 가면 to부정사나 동명사의 모습을 띤다는 원칙이 있으니까요. 이때의 네 가지 경우는 이미 공부했었죠?

동사가 명사 자리로 갈 때

① to부정사만 써야 한다.
② 동명사만 써야 한다.
③ 둘 다 쓸 수 있다.
④ 둘 다 쓸 수 있지만 뜻이 다르다.

want는 목적어로 to부정사만 써요. 그래서 to stay는 목적어예요. '~를'이라고 해석해요.

이제 to help you가 문제인데, 앞에서 정리한 순서대로 해석해 보면 일단 명사로 쓰이지는 않았어요. 동사 앞에 있지 않으니 주어일 리 없고, 앞에 불완전자동사가 없으니 보어일 리도 없어요. 그렇다고 목적어일 가능성도 없어요. 앞에 목적어가 이미 있거든요. 목적어가 두 개가 되려면 간접목적어 + 직접목적어의 형태여야 하는데 그건 말이 되지 않지요.

그러니 명사로 쓰인 건 확실히 아니고요.

형용사로 쓰였을 가능성도 없어요. 일단 꾸밈을 받을 만한 명사가 보이지 않아요. to stay를 명사로 본다고 해도 to help you가 형용사로서 그걸 꾸민다고 보긴 어려워요. '~할'로 해석하면 어색하고 뜻이 전혀 통하지 않지요.

한정적 용법의 형용사가 아니라면 혹시 서술적 용법? 그렇게 볼 수도 없어요. 서술적 용법의 형용사는 반드시 보어 자리로 가는데 보어는 불완전자동사 뒤에 오는 거예요. 이 문장에서 불완전자동사는 보이지 않아요.

그럼 부사라는 얘기인데 부사의 용법은 워낙 다양해요. 그래서 '~하기 위하여'를 두드려 보는 거예요. 위 문장의 경우 일단 '나는 머무르기를 원한다(I want to stay)'가 해석된 상태에서 to help you를 '너를 돕기 위하여'라고 해석하면 아주 자연스럽지요.

그 밖에 알아야 할 건 자질구레한 사항들이고요. 일단은 to부정사 용법의 대부분을 차지하는 두 개의 유형으로 많은 문제들을 해결할 수 있다는 것만 유념해 주세요.

결론적으로, to부정사를 해결하기 위해서는 세 가지가 필요해요.

① 목적어로 쓰였는지 본다.
② '~하기 위하여'로 해석이 자연스러운지 본다.
③ 바로 앞의 단어가 무엇인지 본다.

바로 앞의 단어가 to부정사의 해석에 어떤 영향을 미치는지는 차차 살펴보고요.

to부정사는 분사에 비하면 어려운 문법이 아니에요. 그 까다롭다는 분사도 명쾌하게 문법적으로 해결할 수 있는데 to부정사쯤이야 아무것도 아니죠.

■ I want to stay to help you.

문장 분석을 정리해 볼까요?

문장의 맨 앞에 있는 I는 주어이며, 바로 뒤에 오는 동사 want의 주체예요.

want는 동사원형으로 쓰인 단순현재예요. 목적어가 필요한 타동사고요.

to stay는 목적어예요. 목적어 자리에는 명사만 와야 하는데 stay가 동사다 보니 그냥 오지 않고 둔갑을 했어요. 동사가 동사 자리에 있지 못하고 명사 자리로 가면 to부정사나 동명사로 둔갑해야 하는데 want는 목적어로 to부정사만 취하므로 to stay가 되었어요.

to stay는 둔갑은 했어도 출신이 동사인지라 뒤에 목적어, 보어, 부사 등을 달고 올 수 있어요. 구미호가 사람으로 둔갑을 했어도 속은 여우라 육식을 해야 했던 것 기억하시죠?

to help you는 '너를 돕기 위하여'로 해석되며, 목적을 나타내는 부사적 용법의 to부정사예요. to stay가 달고 온 부사라고 볼 수 있어요.

달고 온 단어가 하나 더 있어요. 바로 you예요. to help도 원래는 동사인데 to부정사가 되어 부사로 둔갑한 거예요. 동사 출신이다 보니 목적어를 취할 수 있어서 you라는 목적어를 달고 온 것이랍니다.

6 to부정사 해결하기

어려운 문장은 존재하지 않아요. 좀 긴 문장이 있을 뿐이에요. 만약 어려운 문장이 있다면 그건 분사가 튀어나와서 정신 사납게 만드는 경우예요. 하지만 절대 어려운 건 아니고요. 다만 어디서 튀어나올지 모르고 튀어나와도 이게 분사라는 확신이 없어서 시간이 좀 걸리는 거예요.

아무튼 분사는 붙잡아 앉히는 데 시간이 좀 걸리는 아이지만, to부정사는 아무리 많더라도 금방 얌전하게 앉힐 수 있어요.

to부정사를 해결하는 방법을 다시 정리하면요.

① 목적어로 쓰였는지 여부를 살핀다.
② '~하기 위하여'라는 뜻으로 쓰였는지 확인한다.
③ 바로 앞에 뭐가 있는지 본다.

그런데 왜 이 세 가지를 먼저 살펴야 할까요? 꼼꼼하게 따져 봐요.

| 목적어로 쓰였는지 살피는 이유

모든 영어 문장은 5가지 형태로 이루어져 있어요. 그런데 그 기본 5형식이 골고루 쓰이지 않아요. 주어 + 타동사 + 목적어인 3형식이 압도적으로 많이 쓰여요. 영어의 세상은 3형식의 세상이에요. 3형식이 절대다수이다 보니 to부정사도 목적어가 유독 많은 거예요. 목적어로 쓰였는지 여부를 빨리 파악해야 문장 구성이 정리되고 해석하기도 수월해져요.

| '~하기 위하여'라는 뜻으로 쓰였는지 확인하는 이유

가령 '먹기 위하여'를 영어로 바꾸려면 '먹다'라는 동사 eat를 사용해야 해요. 그런데 동사의 운명은 딱 두 가지, 시제 변화와 둔갑이에요. 시제로 쓰이려면 '~다'로 끝나야 하니 '먹기 위하여'는 둔갑에 해당하겠지요.

둔갑으로 결정이 났으면 그다음엔 명사, 형용사, 부사 중에서 고르면 돼요. '먹기 위하여'는 목적을 나타내니까 당연히 부사예요. 부사 자리로 간 동사가 어떻게 둔갑하는지는 여러 번 강조했으니까 다들 기억하고 계시죠?

동사가 동사 자리에 있지 못하고 명사의 자리에 가면 : to부정사, 동명사

형용사의 자리에 가면 : to부정사, 분사

부사의 자리에 가면 : to부정사

부사가 되기 위해서는 to부정사 형태를 만들면 돼요. 그러니까, '먹기 위해서'를 영어로 하면 to eat이 되는 거지요.

명사와 형용사는 to부정사냐 동명사냐 선택을 해야 되는데 부사는 다행히 to부정사 하나만 고르면 돼요.

'~하기 위하여'는 무척 많이 쓰이는 데다가 to부정사 혼자서 그 일을 감당하므로 당연히 매우 자주 쓰여요. 여러분들이 상상하는 것의 백 배쯤 될 거예요.

바로 앞에 뭐가 있는지 보는 이유

to부정사가 가는 곳은 명사, 형용사, 부사였어요. 명사는 문장의 뼈대를 형성하고 형용사와 부사는 수식을 담당해요.

to부정사가 명사로 쓰이면 주어, 보어, 목적어 자리로 가요. 주로 목적어 자리로 가는데, 어떻게 쓰였든 쉽게 찾을 수 있어요. 형용사나 부사의 자리로 가면 좀 어지러울 수는 있어요. 형용사나 부사는 수식을 담당하는데 문법의 원칙 중에 '수식하는 것들은 수식을 받는 것들의 근처에 있어라' 하는 것이 있어요.

명사로 쓰이지 않은 to부정사는 형용사나 부사로 쓰이게 되고, 그렇게 형용사나 부사로 쓰인 to부정사는 반드시 뭔가를 꾸미게 되어 있어요. 꾸밈을 받는 단어가 뭔지 찾아내면 해석이 간단해지겠지요? 형용사나 부사로 쓰인 to부정사의 해석은 꾸밈의 대상을 찾아내는 게 관건이에요.

여기서 잠깐! 꼭 기억해야 할 게 있어요.

to부정사는 주로 뒤에서 꾸민다.

짧지만 엄청 중요한 문장이에요. 다들 30번씩 써 주세요.

처음부터 다시 보는 문법

그동안 다 배운 것들이지만 새로 나타난 용어가 조금 있고, 똑같은 이야기를 조금 다르게 설명하는 것들도 있어요. 한 번 더 보면 기억도 되살아나고 문법이 좀 더 선명해질 거예요. 그냥 쭉 읽어 보세요.

한국말과 영어

1. 세상의 모든 언어는 뼈대와 수식으로 형성되어 있어요.
   '영희는 철수를 사랑한다'라는 문장은 뼈대로만 형성되어 있지요. 그런데 '예쁜 영희가 잘생긴 철수를 매우 사랑한다'라는 문장에는 뼈대와 수식이 함께 있어요. 예쁜, 잘생긴, 매우는 수식이에요.

2. '영희가 철수를 사랑한다'를 영어로 바꾸면 Younghee loves Chulsoo가 돼요. 둘의 가장 큰 차이는 한국말에 있는 '~은/는/이/가/를' 같은 조사들이 영어에는 없다는 거예요. 영어에서는 단어의 자리가 조사를 대신해요.

3. Younghee loves Chulsoo.
   우리가 이 문장에서 Younghee를 '영희는'이라고 해석하는 건 단어의 자리가 동사 앞이기 때문이에요. 동사 앞에는 주어가 오니까 Younghee는 주어에 해당하고, 주격조사를 붙여서 '영희는'이라고 해석하는 거지요.
   영어 문장을 해석할 때는 명사에 이렇게 뭔가를 붙여 주어야 하는 경우가 많아요. 사실은 양만 많을 뿐이고 선택의 폭은 좁지요. 주어엔 '~은/는/이/가'를, 목적어엔 '~을/를'만 제대로 붙여도 개운해져요.

4. '영희는 철수를 사랑한다'라는 문장을 '철수를 영희는 사랑한다'로 바꾸면 어떨까요? 우리말에선 아무 문제가 없어요. 그런데 영어 문장에서 자리를 바꾸면 어떻게 될까요? Younghee loves Chulsoo를 Chulsoo loves Younghee로 바꿔도 괜찮을까요? 누가 그런 소문을 내느냐고 철수가 혹시 펄펄 뛸까요?

5. Younghee loves Chulsoo와 Chulsoo loves Younghee는 완전히 다른 문장이에요. '영희가 철수를 사랑한다'와 '철수가 영희를 사랑한다' 사이엔 건널 수 없는 강이 흐르고 있어요. 영어는 자리가 정말 무지하게 중요하니까요. 특히 중요한 건 명사의 자리예요. 어떤 명사가 어떤 자리에 있느냐에 따라 의미의 배열이 180도로 달라져요. 가령 주어와 목적어의 자리를 바꾸면 영희와 철수의 경우처럼 뜻이 정반대가 되고 말아요.

6. 이 중요한 명사의 자리를 잡아 주는 것이 바로 5형식이에요.

7. 정리하면, 한국말에는 '은/는/이/가', '에게', '을/를' 같은 조사가 있기 때문에 단어가 문장 속에서 어떤 자리에 있든 그리 치명적이지 않아요. 하지만 영어에는 그런 조사들이 없어서 단어의 자리가 굉장히 중요하답니다.

뼈대와 수식의 진실 (명사, 동사, 형용사, 부사)

1. 뼈대 담당은 명사와 동사예요. 수식 담당은 형용사와 부사고요.

2. 이름을 가진 모든 것들은 명사예요. 명사는 주어, 보어, 목적어 세 가지 자리로 가요.

3. 명사와 함께 뼈대를 형성하는 건 동사인데, 동사에 대해서는 따로 정리할 필요가 있어요.

4. 형용사는 하는 일이 딱 하나, 명사를 수식하는 거예요.

5. 부사가 하는 일은 좀 잡다해요. 동사도 수식하고 형용사도 수식하고 부사도 수식하고 문장 전체도 수식하거든요. 그것 말고도 때, 장소, 이유, 조건, 양보, 목적, 원인, 결과, 정도, 방법 등으로도 쓰여요.

6. 다음 내용을 20번씩 쓰세요. 부사에 좀 익숙해질 거예요.
부사가 하는 일 – 동사, 형용사, 부사, 문장 전체 수식

7. 길지만 다음 문장도 30번씩 쓰세요. 부사와 애틋한 사이가 될지도 몰라요.
부사 – 때, 장소, 이유, 조건, 양보, 목적, 원인, 결과, 정도, 방법 등등

8. 동사를 제외한 모든 단어는 명사, 형용사, 부사 중 하나의 이름을 갖게 되어 있어요. 문장 분석의 주요 목적은 바로 각각의 단어에 이름을 붙이는 거예요.

9. 명사, 형용사는 그리 고민할 필요가 없지만 부사는 워낙 하는 일이 많아서 이름 붙이는 일이 쉽지 않아요. 하지만 이것만 명심하면 된답니다. 알쏭달쏭하면 부사라는 것이죠. 명사나 형용사가 아니면 부사예요.

10. '예쁜 영희가 잘생긴 철수를 매우 사랑한다'를 뼈대와 수식으로 나누어 볼까요?

- 뼈대 : '영희가 철수를 사랑한다.'
  '영희'와 '철수'는 명사, '사랑한다'는 동사
- 수식 : '예쁜', '잘생긴', '매우'
  '예쁜'은 형용사 (명사 '영희'를 수식)
  '잘생긴'도 형용사 (명사 '철수'를 수식)
  '매우'는 부사 (동사 '사랑한다'를 수식)

11. 문법 용어라고 덮어놓고 어렵다고 생각하지 말고 간단한 기본 용어들만 잘 이해하고 외워 두면 순식간에 영어가 명쾌해지는 경험을 할 수 있어요. 몇 개 안

되는 문법 용어들 중에서도 가장 중요한 용어가 바로 명사, 형용사, 부사예요.

12. 기본 문법 용어는 정말 몇 개 안 돼요. 전부 다 정체를 밝힐게요.

- 명사, 형용사, 부사 (동사는 시제)
- 주어, 보어, 목적어
- 단어, 구, 절
- to부정사, 동명사, 분사

이렇게 네 세트가 전부예요. 이 네 세트를 확실히 알면 나머지는 저절로 해결할 수 있어요.

13. 문법은 단어가 뒷받침돼야 해요. 안 그러면 앙꼬 없는 찐빵이고, 오아시스 없는 사막이고, 배터리 없는 휴대폰이랍니다.

명사와 5형식

1. 명사는 이 세상의 이름 가진 모든 것들을 지칭하는 용어예요.

2. 명사가 갈 수 있는 자리는 주어, 보어, 목적어 세 군데고요.

3. 주어, 보어, 목적어는 결국 명사로 영어의 뼈대를 형성해요. 주어, 보어, 목적어를 질서 있게 줄 세우는 방법이 바로 문장의 5형식이에요.

4. 세상에는 정말 많은 영어 문장들이 있지만 신기하게도 그 문장들은 다 5형식 안으로 쏙 들어간답니다.

5. 5형식을 다시 정리해 볼까요?

1형식 주어 + 완전자동사

2형식 주어 + 불완전자동사 + 주격보어

3형식 주어 + 완전타동사 + 직접목적어

4형식 주어 + 수여동사 + 간접목적어 + 직접목적어

5형식 주어 + 불완전타동사 + 목적어 + 목적격보어

① 5형식에 나오는 동사들의 이름은 어려워 보이지만 알고 보면 별것 아니에요. 먼저 자동사, 타동사는 목적어의 유무로 결정돼요. 뒤에 목적어가 있으면 타동사고, 목적어가 안 보이면 자동사예요.

② 완전, 불완전은 보어의 여부로 결정된답니다. 보어가 있으면 불완전, 없으면 완전이에요.

③ 1형식 동사가 완전자동사인 이유는 간단해요. 보어가 없으니까 완전, 목적어가 없으니까 자동사. 그래서 완전자동사예요.

④ 2형식 동사가 불완전자동사인 이유도 같아요. 보어가 있어서 불완전, 목적어가 없어서 자동사. 그래서 불완전자동사예요.

⑤ 3형식은 보어가 없으니 완전, 목적어가 있으니 타동사, 합쳐서 완전타동사지요.

⑥ 4형식을 알려면 간접목적어와 직접목적어의 정확한 구분이 필요해요. 간접목적어는 우리말의 '~에게'에 해당하고 직접목적어는 '~을/를'에 해당하는 용어예요.

⑦ '~에게 ~을 수여하다'라는 의미가 되기 때문에 4형식 동사는 수여동사고요. give가 대표적이에요.

⑧ 5형식 동사는 보어도 있고 목적어도 가져서 불완전타동사예요.

⑨ 문장의 5형식은 주어와 동사 뒤에 목적어와 보어가 오는 형태로 결정돼요. 문장의 5형식 법칙은 그 자체로도 간단하고 구성 요소도 딱 네 가지-주어, 동사, 보어, 목적어-밖에 없어요. 하면 할수록 간단한 문법이에요.

6. 문장의 5형식은 문장 해석에도 고마운 존재지만 나중에 영작을 할 때 더 큰 힘을 발휘해요. 문장의 5형식 법칙으로 영작을 하면 영작이 한결 가뿐해져요.

7. 주어 자리에는 명사만 갈 수 있어요. 목적어 자리에도 명사만 갈 수 있고요. 보어 자리에는 명사나 형용사가 들어갈 수 있지요. 결국 5형식에서는 명사의 비중이 크다는 걸 알 수 있네요. 문장의 5형식에서 가장 중요하게 알아 두어야 하는 건 주어와 목적어 자리에는 명사가, 보어 자리에는 명사와 형용사가 들어간다는 사실이에요.

8. 문장의 5형식으로 단어들의 줄을 세울 수 있다는 게 선뜻 안 믿기죠? 실제 문장은 예문들보다 훨씬 긴 경우가 많으니까요. 그런데 영어 문장이 아무리 길어도 문장의 5형식에서 벗어날 수는 없어요. 수십 수백 단어짜리 문장도 결국은 문장의 5형식 안에 있답니다. 그럼 문장이 왜 길어지느냐? 바로 수식하는 애들, 즉 형용사와 부사가 들어가서 그런 거예요.
   결국 문장의 5형식이 뼈대를 이루고 여기에 수식을 맡은 형용사와 부사들이 끼어드는 게 바로 영어 문장이라는 거지요.

9. 수식하는 형용사나 부사의 순서는 외울 필요가 없어요. '수식어인 형용사와 부사는 수식되는 단어 근처로 간다'라는 아주 명쾌한 원칙 하나면 해결돼요. 복잡해 보이는 영어 문장도 문장의 5형식만 잘 외우고 형용사, 부사로 잘 꾸며주면 그게 다인 거예요.

10. 뭔가 더 있을 것 같나요? 맞아요. 더 있어요. 영어는 문장의 5형식으로 이루어진 뼈대에 형용사와 부사가 수식을 하며 길어지는 것이 원칙인데 여기에 단어, 구, 절이라는 요소가 또 맞물려요. to부정사, 동명사, 분사라는 복병도 기다리고 있답니다.

문장의 5형식을 제대로 해석하는 법

1형식 주어가 동사한다.

I go. 나는 간다.

2형식 주어가 보어(명사)이다 or 주어가 보어(형용사)하다.

I am Tom. 나는 톰이다.
I am smart. 나는 영리하다.

3형식 주어가 목적어를 동사한다.

Yonghee loves Chulsoo. 영희가 철수를 사랑한다.

4형식 주어가 간접목적어에게 직접목적어를 수여한다.

I gave Tom some books. 나는 톰에게 몇 권의 책들을 주었다.

5형식 주어와 동사 개념이 두 쌍 있다.

전치사, 그 거대한 이름

1. 영어의 칼자루는 전치사가 쥐고 있어요. 전치사는 우리를 영어의 지옥으로부터 단숨에 구원해 주기도 했다가 다시 영어의 늪으로 밀어 넣기도 해요.

2. 영어는 뼈대와 수식으로 형성되어 있는데 뼈대는 명사와 동사가, 수식은 형용사와 부사가 담당해요.

3. 명사, 형용사, 부사는 단어, 구, 절이라는 형태를 가질 수 있어요. 이 단어, 구, 절 때문에 영어를 비롯한 모든 언어가 만만치 않은 상대가 되는 거예요.

4. 수식을 빼내야 뼈대가 남기 때문에 수식하는 형용사와 부사를 잡아야 하는데, 형용사와 부사가 단어뿐 아니라 구와 절로도 이루어져 있다고 생각하면 아찔하지요.

5. 전치사구의 존재는 우리에게 위안을 줍니다. 전치사구는 전치사 + 명사의 형태로서 반드시 구를 형성하는데, 이 전치사구는 대부분 형용사나 부사로 쓰여요. 하는 일은 오로지 수식뿐이고요. 우리가 만나는 영어의 절반 이상이 전치사구랍니다. 찾은 다음에 머리를 싸매고 고민할 필요도 없고요. 가령 명사는 찾은 다음에도 주어냐, 보어냐, 목적어냐를 따져야 하지만 전치사구는 그럴 필요가 없어요. 있는 그대로 해석하면 되거든요.

6. 전치사구의 예

with you – 너와 함께

on the table – 탁자 위에

about you – 너에 대해

of them – 그것들의

in 1985 – 1985년에

7. 전치사는 찾기 쉽고 있는 그대로 해석된다는 사실을 꼭 알아 두세요.

8. 해석할 때는 이렇게 고마운 전치사가 가끔 마각을 드러낼 때가 있어요. 바로 영작을 할 때지요. 해석할 때는 크게 문제가 되지 않지만 영작을 할 때는 on을

써야 할지, of를 써야 할지, with를 써야 할지 정말 진땀 나요. 그래서 숙어를 공부해야 하는 거랍니다. 널리 쓰이는 숙어들은 반드시 외워 두어야 해요.

5형식 찾기

1. 문장의 5형식 해석 방법을 이론적으로 이해해도 막상 영어 문장을 보고 몇 형식인지 잡아내는 일이 그렇게 쉽지는 않아요. 5형식 공식은 간단하지만 실제로 만나는 문장은 종종 길고 복잡하니까요.

2. 아무리 긴 문장이라도 뼈대와 수식의 운명은 거스를 수 없어요. 뼈대를 남기기 위해 수식을 잡는 것이 중요합니다. 문장의 5형식을 파악하기 위해서 형용사와 부사를 잡아야 하는 거지요.
   형용사와 부사는 단어, 구, 절 가운데 어떤 형태로든 나타날 수 있어서 만만치 않아요. 하지만 괜찮습니다. 전치사구가 있기 때문이지요. 문장 가운데 형용사와 부사의 70~80%를 차지하는 전치사구만 빼도 어지간히 뼈대가 보인답니다.

3. 하나 더! 전치사구와 함께 부사를 빼면 돼요. 전치사구와 함께 부사를 빼면 반드시 기본 뼈대, 즉 5형식이 보이게 돼 있거든요.

4. 전치사구와 부사를 빼면 제일 간단해지는 형식이 있어요. 바로 1형식이지요.

   ■ I go to school with my brother every day.

   이 문장에서 to school, with my brother는 전치사구이고 every day는 때를 나타내는 부사예요. 다 빼고 나면 I go만 남아요. 1형식이지요.

5. 2형식은 불완전자동사를 외우면 됩니다. 불완전자동사는 수가 그리 많지 않아 쉽게 외울 수 있어요. 대표적인 불완전자동사는 be동사예요. 그러니 I am Tom은 2형식이지요.

6. 다섯 가지 형식 중에서 1, 2형식이 나가고 나면 3, 4, 5형식이 남게 되는데요. 이 중 4, 5형식일 가능성은 15% 정도예요. 즉, 1형식과 2형식이 아니라는 확신이 들면 3형식일 가능성이 무지하게 크다는 것이지요. 3형식은 주어, 동사 다음에 무조건 명사 하나가 목적어라는 이름으로 오기 때문에 쉽게 찾을 수 있어요.

7. 4형식도 4형식 동사, 즉 수여동사를 외우면 돼요. 대표동사는 give고요. 4형식은 해석 자체가 '~에게', '~을'이라는 특이한 형태를 가지고 있어서 쉽게 확신할 수 있어요.

8. 1~4형식을 모두 적용해 봤는데 아무것도 아니라면 5형식입니다. 5형식은 한국 사람들에게는 너무 어려운 형식이라 딱 보고 "얘는 5형식!"이라고 알아채기가 힘들어요. 그래서 1~4형식이 아니면 5형식이라는 식으로 찾는 연습을 해서 5형식에 익숙해져야 합니다.

9. 그렇게 찾아낸 5형식은 반드시 주어, 동사의 개념이 두 쌍 들어 있는 문장이어야 합니다.

10. 5형식을 찾는 방법처럼 찾는 게 또 있었죠? 네, 부사예요. 명사나 형용사가 아니면 무조건 부사! 이렇게 시작합니다.

단어, 구, 절

1. 영어는 명사와 동사로 이루어진 5형식이라는 뼈대에 형용사와 부사라는 수식이 전부예요. 우선 이렇게 대강 윤곽을 잡아 놓고요.

2. 그런데 영어가 만만하지 않은 이유는 단어, 구, 절이라는 개념 때문이에요. 물론 to부정사, 동명사, 분사라는 복병도 있긴 하지만 충분히 싸워 볼 만해요.

■ 단어 : 독립된 하나의 단위.

■ 구 : 두 개 이상의 단어가 모인 세트. 하지만 단어가 모였다고 다 구가 되는 건 아니에요. 단어가 모여서 하나의 뜻을 형성해야 해요.

old black : 구가 아닙니다.

in the garden : 구입니다.

세 단어가 모여 하나의 뜻을 형성하니까요.

3. 주어 하나, 동사 하나를 갖추고 있으면 하나의 절이랍니다. 두 단어로 이루어진 I go도 어엿한 절이지요. 여기에 마침표가 있으면 한 문장이고요.

4. 영어의 주요 요소는 명사, 형용사, 부사인데요. 명사, 형용사, 부사는 각각 단어, 구, 절 중 하나의 형식을 가져오게 돼요. 구나 절의 형식을 많이 취할수록 골치 아픈 문장이 될 거예요.

동사의 운명

1. 동사는 본질적으로 명사, 형용사, 부사와 구별이 돼요. 명사, 형용사, 부사는 단어 자체가 변화하지 않지만 동사는 스스로 변화하거든요. 예를 들어 명사 book은 영원히 book이고 형용사 big은 영원히 big이지만 동사 go는 모양이 어찌나 다양한지 알면 알수록 멀미 날 지경이에요. went, is going, are going, had gone, will be gone, to go, have gone 등등 다양한 형태가 있지요.

2. 형태가 다양한 만큼 동사는 하는 일이 태산처럼 많아요. 하지만 티끌 모아 태산인 법! 동사 공부의 첫걸음은 '동사는 시제 변화와 둔갑, 딱 2가지의 운명을 가지고 있다'라는 사실을 아는 거랍니다.
동사의 자리에 있는 동사는 시제 변화를 하고, 동사 자리에 있지 않은 동사는 둔갑을 하지요. 그렇다면 동사의 자리는 어디일까요? 바로 주어 다음이지요.

동사의 임무는 주어 뒤에 쓰여서 주어의 동작이나 상태를 나타내 주는 것이니까요.

3. 동사가 주어 다음에 쓰이지 않고 다른 곳에 가면 문제가 생겨요. 거기가 어디일까요? 간단해요. 명사, 형용사, 부사의 자리입니다. 딱 세 군데밖에 안 가는구나, 라고 안심하고 나서 생각해 보니 결국은 모든 자리로 다 갈 수 있다는 말이네요? 동사를 빼면 영어는 명사, 형용사, 부사 딱 세 가지로 이루어져 있으니까요. 결국 동사는 어디든 다 간다는 얘기예요.

4. 동사가 명사의 자리로 간다는 말은 '뛰다', '자다', '먹다'라는 동사가 '뛰는 것', '자는 것', '먹는 것'으로 바뀌는 것이랍니다.

5. 동사가 형용사의 자리로 가는 건 명사를 꾸미는 일을 하기 위해서예요. '자는 아기'에서 '자는'은 '자다'라는 동사의 모습이 바뀐 거예요. 그러므로 태생은 동사지만 형용사라고 불러야 하는 것이지요.

6. 동사가 부사의 자리로 간다는 건 동사가 부사 일을 한다는 거예요. 부사가 하는 일 중 하나는 목적을 나타내는 건데요. '나는 살기 위하여 먹는다 / I eat to live'라는 문장에서 'to live'는 동사 live가 둔갑하여 목적을 나타내는 부사 일을 하는 거랍니다.

한글로 도배가 된 이 영어 문법책이 여러분들께 어떻게 받아들여질지 정말 떨린답니다. 그러나 이미 이 영문법으로 많은 분들의 영어를 순식간에 때 빼고 광 내 본 경험이 있던 저는 그 두려움만큼 설레서 주체할 수가 없어요. "이래서 되겠어?"라는 귀에 익은 걱정들도 예상이 되지만 "비로소 영어가 가벼워졌어요" "이제 영어를 제대로 해결할 수 있을 거 같아요" 같은 가슴 떨리는 탄성들이 훨씬 더 많을 테니까요.

언어는 절대 어느 하나로 해결이 나지 않아요. 문법도 필요하고 단어도 필요하고 숙어도 필요하고 심지어 상식도 필요한 분야예요. 그렇게 이것저것 다 갖추어도 실전에서 비틀거리기 일쑤지요. 그래서 속을 채워야 한답니다. 그러기 위해서는 꼭 문법이 필요해요. 설계도가 있어야 큰 집이 지어지는 것처럼 문법이 있어야 영어의 집을 크고 편안하게 지을 수 있어요.

이 책은 영문법의 가지를 다 치고 뼈대만 모았어요. 정말 오랜 시간 언어에만 매달리며 제 평생을 걸고 만들어 낸 뼈대라고 생각해요. 그 뼈대가 너무나도 간단하다는 사실에 전율했었지요. 이 간단하고 명료한 뼈대도 속이 채워져야 비로소 진정한 뼈대가 된다는 사실에 또 한 번 전율했고요.

여러분들께 이 뼈대를 보여드리고 싶었어요. 뼈대가 튼튼해지면 그 위에 집을 짓는 기쁨이 기다리고 있어요. 집을 짓고 그 안에 가구도 넣고 벽에 그림도 걸 수 있어요.

일단 뼈대에 집중해 주세요. 아는 것과 내 것이 되는 것 사이에는 시간이 필요하답니다. 끝없이 반복하는 시간이요.

만일 정말 오랜 시간을 영어에 쏟아부었는데 만날 그 자리라면 다시 한 번 처음부터, 초심으로 돌아가 시작해 보시길 권해요. 그리고 그 길에 제 영문법 책이 큰 힘이 될 것이라고 장담해요.

저는 후속권도 준비하고 있어요. 1권에서 다룬 뼈대를 이용한 본격적인 문장 분석과 함께, 좀 어렵다 싶은 문법 몇 가지를 소개할 거고요. 단단하게 다진 뼈대와 실전 실력을 이용해서 문장 만드는 방법을 문법 위주로 설명하려고 해요.

언어는 절대 하루아침에 되는 것이 아니고요. 어디 한 군데가 빠지면 반드시 높이 올라가지 못하고 비틀거리게 되어 있어요. 그러나 시간이 좀 걸린다 싶어도 처음부터 차근차근 확실히 해 두면 탄력의 순간이 와요. 예전엔 상상하지 못했던 여러 가지 일들이 생기기도 하지요. 언어만큼 기초가 중요한 분야는 없다고 생각해요. 이 책으로 쉽고 재미있게 영어의 기초를 다지시길 소망해요.